小麦文明："黄金石油"争夺战

GÉOPOLITIQUE
DU BLÉ

［法］塞巴斯蒂安·阿比斯　著

田常晖　张家郡　译

中国科学技术出版社
·北　京·

图书在版编目（CIP）数据

小麦文明："黄金石油"争夺战 / (法) 塞巴斯蒂安·阿比斯著；田常晖，张家郡译. —北京：中国科学技术出版社，2024.10 -- ISBN 978-7-5236-0802-9

Ⅰ. F746.21

中国国家版本馆 CIP 数据核字第 20244S500Q 号

版权登记号：01-2024-2953

封面地图审图号：GS（2016）1666 号

Originally published in France as:

Géopolitique du blé. Un produit vital pour la sécurité mondiale By Sébastien ABIS

© Armand Colin 2023, Malakoff

ARMAND COLIN is a trademark of DUNOD Editeur –11, rue Paul Bert – 92240 MALAKOFF

Current Simplified Chinese language translation rights arranged through Divas International, Paris

巴黎迪法国际版权代理

本作品中文简体字版权由中国科学技术出版社有限公司所有

策划编辑	王 菡	
责任编辑	王 菡	
封面设计	菜花先生	
正文设计	中文天地	
责任校对	焦 宁	
责任印制	徐 飞	

出 版	中国科学技术出版社	
发 行	中国科学技术出版社有限公司	
地 址	北京市海淀区中关村南大街 16 号	
邮 编	100081	
发行电话	010-62173865	
传 真	010-62173081	
网 址	http：//www.cspbooks.com.cn	

开 本	889mm × 1194mm 1/32	
字 数	196 千字	
印 张	9.75	
版 次	2024 年 10 月第 1 版	
印 次	2024 年 10 月第 1 次印刷	
印 刷	北京瑞禾彩色印刷有限公司	
书 号	ISBN 978-7-5236-0802-9 / F·1273	
定 价	89.00 元	

（凡购买本社图书，如有缺页、倒页、脱页者，本社销售中心负责调换）

谨以此书献给全世界的农业从业人员：
他们养育地球上的人同时还修复着地球，
为我们提供了粮食安全和气候安全的双重保护，
他们值得拥有诺贝尔和平奖。

中文版序言

我们为什么要关注谷物及谷物的地缘政治？谷物在食品和农业中扮演着不可或缺的角色。在全球范围内，谷物提供了人类一半的热量摄入，同时占据了全球一半的耕地面积。尽管玉米现已成为地球上最丰产的谷物，但其主要用于饲养动物。而在人类的"食谱"中，水稻和小麦则占据了首要位置。

地球人口数量已经超过 80 亿，比 50 年前翻了一倍，中国在此期间经历了史无前例的快速发展，伴随人口的增长也带来了消费需求的迅猛增长，使得粮食生产对于国家粮食安全至关重要。中国在小麦生产上进行了大量投资，如今已成为全球最大的小麦生产国，甚至超越了欧盟和印度。尽管中国有时需要进口粮食，特别是与法国在该领域有着紧密合作，但中国政府尽可能采取各种措施，确保国民能够消费到本国自产的小麦产品。面对气候变化带来的挑战，中国在农业领域的科学研究也在不断努力，以减少收成不佳的风险。

本书提供了长周期的分析和多元的地理视角，带领读者探索小麦世界的各个角落。书中详细讨论了中国的情况，并对中国小麦的未来进行了深入的展望。当前，亚洲国家消费了占全球 50% 的小麦，生产了 40% 的小麦，进口了占全球 25% 的小麦。因此本书也告诉我们，全球粮食的重心正逐渐转移至亚洲。

塞巴斯蒂安·阿比斯

2024 年 5 月

序

地缘政治学无处不在。这门学科，曾一度因为纳粹滥用而被妖魔化，而后又被认为是门神秘的学科，仅对与大众疏离的小圈子的专家开放，但是今天地缘政治学不但重新被正名，还在各个领域中获得了举足轻重的地位。

过去主流媒体一直认为，应该谨慎谈及地缘政治，因为这会使收视率下降。但今天这个话题却是最吸引人的话题。有关地缘政治这个主题的节目，纪录片以及辩论在大量增加。与此有关的公共论坛也在不断地增多，吸引着数量越来越多、参与度也越来越高的观众。地缘政治学还走进了法国高二和高三的课堂，深受高中生的欢迎，因为这些高中生已经意识到在法国境外发生的事件不能仅仅被视为他国事务。对地缘政治的兴趣并不是年轻人的专利，它已经成为各个年龄段跨越代际人群的兴趣之所在。

地缘政治学不应该只囿于在巴黎七区¹进行讨论，而应该是

1　巴黎七区是法国外交部奥赛宫所在地。

每个公民均可参与讨论的事务，这正是法国国际关系与战略研究所（IRIS）所秉持的核心理念，甚至可以说这种信念已经融入该机构的 DNA 里。地缘政治学另一特点是，它不囿于政治军事领域，而是涵盖了更广阔的范围。所有涉及国际力量对抗，大国竞争都隶属于地缘政治学。我们从 20 世纪 90 年代末开始探索体育地缘政治的概念，尽管当时很多人怀疑甚至嘲笑这种做法。但从一开始，我们就认为人道主义问题也应该是地缘政治"智库"关注的问题，而不仅仅只是非政府组织所关注的范畴，虽然说我们与这些非政府组织建立了富有成效和令人鼓舞的合作。基于"消除隔膜，打破藩篱"的思维促使我们开始关注农业的地缘政治问题和粮食安全问题。军事问题和能源问题一样，农业问题也是构成国家政策的基础要素，况且农业还是一个国家面临要养活该国人口这一挑战的基本要素。因为全球人口日益激增，农业所面临的挑战也十分严峻。农业还是经济转型关键之所在，也是全球是否能成功实现可持续发展、促进消费者健康并提供用于低碳经济转型的原材料的关键所在，但农业的根本作用仍然是为尽可能多的人提供粮食安全。目前全球范围内由于地理环境，社会以及机制等不平等问题凸显，这一切使农业的这个根本任务就变得更为错综复杂。因为农业问题涉及的利益具有战略性和渐进性，围绕农业和粮食问题的权力博弈更加激烈。气候、主权以及生态等诸多方面的发展趋势更强化了这些权力意图。农业具有地缘政治特性也越来越明显，现存的农业地缘政治学日益成为权力问题的核心。

　　如果没有本书作者塞巴斯蒂安·阿比斯（Sébastien Abis）的鼎力支持，法国国际关系与战略研究所不可能只用十几年的时间就在农业地缘政治学这个领域发展得如此之好。塞巴斯蒂安不论是和法国国际关系与战略研究所这个机构的关系还是和我个人的关系都有些渊源。在创建巴黎的高等国际关系与战略研究所之前，他曾是我执教的里尔政治学院的学生，当时的学校课程是与地方合作伙伴共同开发和认证的。作为一位教师，看见自己的学生在知识领域和学术舞台取得了如此大的成绩，我感到莫大的欣慰。塞巴斯蒂安·阿比斯就读里尔政治学院的时间距今正好 20 年。他感兴趣的东西不仅仅只有他的研究领域，还有关于他的祖籍——地中海地区，同时还对足球感兴趣，这一点让我们的关系更加亲密。他在农业和粮食安全领域取得的成就使他成为这个领域不可或缺的权威。在他的职业生涯中，塞巴斯蒂安既能胜任外交任务，也能在科研领域长袖善舞。他作为 IRIS 的副研究员已经参与我们所组织的社会活动超过 10 年，对我们这个团队来说是一种莫大的幸福。

　　一直以来，塞巴斯蒂安·阿比斯走的都是信念坚定但又敢于冒险的职业道路：他始终坚守对地中海地区以及农业和粮食安全问题的承诺，同时还敢于跳出职业舒适区，放弃了国际公务员的身份而选择了当一个协会的领导人。自从他 2017 年上任以来，德米特尔俱乐部[2]转变成为法国境内提供粮食和农业问题的权威参考机构，该机构旨在从地缘战略性、前瞻性和全球性各个维度来提供对粮食和农业这两个问题的参考意见。塞巴斯蒂安·阿比斯努力将该机构建设成为一个非典型的生态系统，该系统由企业、学校、部委和专家组成，在这个系统中他追求多样性和矛盾性，鼓励团结和对话。所有这一切都是在他保持高水平的科研能力、交流能力以及相当密集的出版能力同时实现的，这不仅显示出他的持之以恒的毅力，更是他在许多领域，无论是国内范畴还是国际范畴，甚至是法国国家最高层面上获得认可的标志。

在塞巴斯蒂安的所有作品中，2015 年出版的《小麦文明》无疑是其扛鼎之作。鉴于他对知识领域和公共辩论方面的贡献，该书取得了巨大成功。2022 年以来，世界粮食安全和谷物贸易发生了严重的问题，严峻的形势要求再版本书来解读这些现象。这本著作已经断货有一段时间了，现在是让该书重见天日，让我们重新发现它的重要性。塞巴斯蒂安·阿比斯并不仅仅只是对原著的边边角角进行校正和修改，而是进行了重新思考和改写，并重申粮食这个农业产品对于全球稳定的战略性质，从而呈现了全新版本的《小麦文明："黄金石油"争夺战》。

---

2 德米特尔可持续农业和粮食安全俱乐部。

因此，本书并不仅仅是一本关于农业或小麦的著作，还将有助于读者了解未来世界的走向，所以请不吝赐读。

帕斯卡尔·博尼法斯

法国国际关系与战略研究所（IRIS）所长

前　言

　　小麦，从远古到现代，是人类文明发展的产物。这种已经有数千年栽培历史的农作物，是地中海地区农业发展和古代文明诞生的起源。在漫漫历史长河里，小麦逐渐成为人们的基础食物。而一旦小麦短缺，人们就会感到焦虑和恐惧。这种情况下，尽管小麦只是日常且固定不变的食物，却又重新获得在政治上的核心地位。小麦是一种历史悠久却又具有现代特点的作物。为了产出小麦，人类在不断创新。种植小麦不仅仅只是个从播种到收割的过程：要获得数量和质量上乘的小麦，需要技巧以及越来越复杂的平衡的技术配比。能够将小麦转化，特别是转化成面包这种食品，代表了人类能力与技术工具相结合的另一个阶段。最后，将小麦在其产地附近市场或全球范围内销售需要许多职业的协同合作，而这些职业均位于当代社会的核心位置。这种农产品原料绝非无足轻重，每天它都和数十亿人的日常生活息息相关。即使在21世纪的今天，也并没有什么不同，小麦对全球安全举足轻重，甚至于我们的部分未来也依附于它。

我们这个星球上存在着众多的战略问题。这其中的一些问题由来已久，并且还会随着时间的推移而不断演变，而另外一些问题则是迅速出现或偶尔重现。要在这里区分哪些是重大的结构性变化趋势或哪些更趋向于短期的临时性事件，并非易事。尽管一些微弱的信号可能是变革甚至是颠覆的载体，但地缘政治的动态仍贯穿各个时代，深耕于所有大陆领地。粮食安全就隶属于这种极少数的具有战略意义的范畴，它同时影响着百姓的生活、社会的发展以及领土的稳定。尽管世界一直处在不停变化中，但两个简单且永恒的基本要素是清晰明了且不可逆转的：人类为了生存要获取食物，而为了获得食物又要进行生产。这两个显而易见的要素有时会被人忽视，但值得重新纳入战略分析中来。

如果我们在回顾过去的时候不考虑以上提到的这两个问题，就会否定了很多重要的历史章节。自古，粮食安全一直处于战略核心位置，也位于统治者与被统治者的关系的中心。假如我们不把农业重新放在当代辩论问题的核心位置，我们就将缺失从横向角度看世界现状的一个维度。全球面临的危机越来越具有系统性，各大洲之间的相互依存关系也日渐加强。毫无疑问，预测未来世界面临的挑战的关键既需要具备绘制不确定性世界地图的能力，同时也需要具备审视地球复杂性的能力。跨学科的方法在此是非常受欢迎的，从这个角度看，农业是一个广阔领域，涉及从古至今一直存在的诸多问题。

此外，全球人口仍在持续增长，不同地区的增长速度有所差异，这也导致对粮食的需求量不断增加，而通常农业不稳定性愈严重的地区，面临的粮食安全挑战就愈严峻。因此，对水和土地这两种至关重要的农业资源的争夺日益加剧。尽管21世纪被称为"服务和无形资产时代"的世纪，但是在进入这个世纪后，农业这个产业并未消失。像粮食这样的原材料在国际关系中仍然发挥着重要作用。一方面，粮食的地理资源在全球范围内非常不均衡，这导致在农业问题上的压力和竞争是全球常态。饥饿仍然是最主要的死因，而导致饥饿的最常见原因是贫困、地区冲突和气候变化等。但另一方面，从食品消费或浪费角度而言，粮食过剩现象也在全球与日俱增。现存这样一种矛盾的背景：一些人食物匮乏，而另一些人则食物富足或者食物无忧，这两种现象叠加在一个地缘政治框架上，从而导致在这个框架中各国之间的经济战争要多于军事战争。因此，在国际贸易谈判中，农业问题通常处于亟待解决问题的中心位置，而粮食安全则是维护国家主权的堡垒之一。在农业全球化发展的同时，围绕农业的国际竞争也在日益加剧。在未来这种竞争可能还会加剧，因为不同国家之间在能否养活本国人口方面的能力差距日益扩大，一些国家有能力满足其人口的食物需求，而另一些国家则不得不依赖进口来满足其国内需求。

长期以来，粮食问题都在完美阐述着农业问题的地缘政治特点。更具体地说，小麦这种农产品就已经体现了一种农业产品能拥有多么巨大的真正的战略力量。全球粮食体系的脆弱性不仅体现在农业和地理方面，还体现在政治、社会、经济和物流方面。作为世界上最重要的粮食商品，小麦一直处在历史变革和权力斗争的核心位置。它比石油更为低调，比黄金更不耀眼，又完全不像"铀"那样具有争议，它是与众不同的一种原材料。小麦是和生命息息相关的产品，它的种植改变了地球的自然、人口和政治面貌。没有小麦，就没有安全感。对于一个国家来说，拥有小麦就意味着控制了政权的稳定性，如果一个国家还能出口部分小麦，它就拥有了国际影响力上的重要战略优势。相反，如果一个国家小麦生产不足以满足国内需求，那就已经暴露了这个国家过于脆弱的弱点。

小麦这个话题通常不太被媒体所关注，除非发生了粮食短缺、气候灾害或粮食市场价格暴涨等情况。但它却在过去几个世纪的关键节点，对于统治者和被统治者之间的力量关系演变起到了重要作用，无论这些力量关系涉及国家、公权机构还是私人、个人之间的关系。今天尽管有数十亿人在消费小麦，但小麦在地球上的分布却非常不均衡，只有少数国家能生产小麦，这些国家主要集中在温带地区，而能出口小麦的国家数量就更为稀少了。因此，小麦的流通和贸易对全球稳定和经济至关重要。此外，小麦在交易之前会经历多种金融操作，这些操作流程揭示了在一个复杂和高度谨慎的供应链中参与者之间的竞争动态。

本书从时间和地理维度概述了小麦这种粮食作物长期全球化之后的神秘面目，从而凸显了小麦显而易见的威力。同时本书面向更广泛的读者群，致力于帮助他们了解当代战略挑战的多样性，从而能把握其中的复杂性，同时也为参与这个瞬息万变的全球农业地缘政治工程的专业人士提供参考。小麦将带领我们进入历史深处，了解若干历史冲突中不为人知的动机。它还引领我们进入自然和人文地理领域，揭露和小麦有关的不平等现象、多样化的使用方式和各种消费模式。探索小麦之路也会将我们引向全球化的贸易市场之路，在这个冷酷无情的市场，商品的物流是至关重要的。小麦还将我们带入遥远的国度，向我们展示小麦资源分布的巨大差异：只有少数国家种植并出口小麦，更多的国家则只能依赖外部供应来满足全部或部分国内小麦需求。它带领我们登上构建全球贸易平衡的陆地和海上物流链条。小麦在全球各大洲的权力战略和发展问题中扮演着重要角色。作为前途未卜的大趋势的一部分，小麦问题也不能从与气候变化相关的辩论中被排除，同时小麦问题还面临着涉及创新、谷物贸易变革和国际治理等诸多方面的挑战。在战争与和平之间，小麦问题集中体现了当代紧张的局势，所有这些动态变化都对法国政府提出了挑战，要求政府能明确自身实力、重新定义自身力量、捍卫自身利益并确定其外交方向。

Géohistoire d'un grain au cœur du pouvoir

01

权力中心一粒种子的
地缘历史

提出关于小麦的地缘政治意义而不回顾其在历史长河里的发展是不行的，但本书并不打算在此长篇累牍讨论小麦在几千年的文明中是如何扮演人类日常生活中的核心角色的，而将主要关注古希腊时期、法国大革命时期和 20 世纪战争时期中的粮食问题。通过研究这些历史时期，我们会发现小麦的问题以及更广泛意义上的粮食安全问题，它已然成为影响重大历史事件、国家战略或各种冲突的决定性因素。

从古希腊时期开始，小麦就是核心问题

雅典：虽然小麦匮乏，却是一个贸易和海上实力强大的城邦

早在古希腊时期，小麦就在古希腊人的饮食中占据了主要地位。在雅典所在的阿提卡地区，随着城邦形成和人口的聚集，谷物产量很快就不足以供养人口。在公元前 5 世纪的伯利克里[1]统治的巅峰时期，雅典人口达到了约 25 万人，而阿提卡地区的谷物产量已经无法满足人口需求。而频繁的周期性的战争也使农业未能幸免于难：土地退化，劳动力被征召入伍，牲畜和农业耕具被洗劫或被抽调等。战争对一个地区造成的不安全感，也使农民不愿意播种，因为他们对未来的收成持怀疑态度。当今世界也是如此，在战火纷飞的地方，农业生产和粮食安全都在每况愈下。

为了应对人口和经济的发展，以及气候条件的局限，雅典必须

通过贸易来弥补其粮食赤字，还需要供应小麦来养活工人，为城市带来稳定，而饥民很可能会危及城市稳定。因此，雅典必须对小麦供应进行战略性组织和规划。自那时起，这种城市模式就从未改变过：小麦供应和城市化息息相关。当一个城市人口的粮食安全依赖于外部供应时，必须建立一个可靠的商业机制并确保其持久性。

地中海各个地区之间的地理差异在很大程度上解释了不同区域之间的贸易动态：一些地区的本地小麦产量超过了当地需求，而另一些地区的小麦需求则无法实现自给自足。基于这些实际情况，这一时期希腊的比雷埃夫斯港的重要性就可以理解了：这里是向雅典运送谷物的必经之路，也是地中海贸易的神经中枢。为了缩短供需之间的距离，海上航运是必不可少的环节。雅典的海上实力使其能通过建立连接地中海沿岸港口的物流链，从而协调和控制货物的流动。这种强大的海上实力也让雅典有能力对抗海盗和敌人，并征服遥远的领土。

有鉴于此，为确保伯罗奔尼撒半岛与黑海之间海上航线的畅通，雅典制定了周密的战略。虽然西西里岛、色雷斯东部、叙利亚，以及埃及均为雅典提供小麦作为粮食，但只有来自黑海——古称"欧新桥"——的小麦最为珍贵。从公元前 7 世纪开始，黑海沿岸逐渐成为希腊人控制下的一个名副其实的"湖泊"。该地区的许多城市得益于和地中海南部炎热地区的贸易而蓬勃发展。木材、皮革，尤其是小麦，从现在的克里米亚半岛出发运往希腊，克里米亚很快成为雅典的"粮仓"。匹斯特拉图斯[2] 在公元前

7世纪中叶掌权并成为雅典历史上第一位独裁者，他制定了野心勃勃的连接爱琴海和黑海沿岸的海峡地区的贸易政策，企图用雅典的陶器与黑海北部的小麦进行贸易交换。雅典在赫勒斯滂建立了军事殖民地，就此还在达达尼尔海峡地区设立了特别警卫队，随后雅典执政官伯里克利巩固了这一体系。

这些航线对雅典市民的生活和城市经济发展至关重要，因此保障这些航线的安全就变得至关重要。雅典和外界签署了一系列的外交联盟和条约，这使雅典能够长期保持与黑海沿岸城市和达达尼尔海峡地区的良好关系。塞斯托斯位于达达尼尔海峡最狭窄的地方，在当时被视为是比雷埃夫斯的"粮仓"。雅典通常会以经济利益为导向来制定外交政策。公元前478年开始建立的德罗斯联盟[3]，正是在这样的背景下建立的。海上霸权主义大多数情况下指的是一个霸主拥有制海权，但对于雅典这个海上霸主来说，制海权不仅仅体现在与波斯抗衡的海上军事实力，也是保障爱琴海的贸易活跃有序进行的工具，从而确保使各种商品能够在各城邦之间或城邦和黑海之间以互惠互利的方式流通。

对于雅典城邦及其统治者来说，保护海上航线从而确保粮食供应至关重要。实际上，当时只有小麦贸易受到严格的监管，甚至制定了一部专门的法令用来管理小麦的进口和流通。雅典法律要求在雅典居住的所有人（不论是雅典公民还是外国侨民），禁止借贷给非雅典目的地的小麦船运交易。小麦商人（sitopoloi）每次从进口商那里购买的小麦不得超过50公担[4]，且由专门负责小麦贸易的地方行政官（sito-phylaques）监管。为了便于全盘规划，小麦必须在比雷埃夫斯港卸货。抵达港口货物的三分之二默认为是运往雅典的，其余部分在现场存放。有些用来存放小麦的筒仓的尺寸达30米长和10米宽，就像相邻城市埃莱乌斯的筒仓一样。正是从这时候开始对农业女神德墨忒尔（Déméter）的秘密崇拜传播到了整个希腊，这种崇拜又被称为"埃莱乌斯之谜"。同时，一种名为"西托尼亚"（sitonia）的做法也得以推广。通过这种方法，捐赠者可以低价向城邦出售小麦，再由城邦，尤其是在饥荒时期，发给有需要的居民，而这些捐赠者将因其慷慨行为得到荣誉法令的嘉奖。

拥有小麦也就意味着拥有了权力和威望。雅典议会还可以通过认购发行债券，以确保在公共财政恶化或饥荒时有能够购买小麦所需的资金。这一模式在公元前3世纪和公元前2世纪得到了大力发展。当时，被称为"西托尼亚"的小麦购买者被派往地中海地区购买这种至关重要的商品，他们需要考虑从购买价格到运输费用的所有费用，从而获得最经济的购买条件，换句话说是购买商在购买时就需要考虑小麦从田间地头到雅典进行销售的所有成本。

一旦雅典地区出现小麦短缺的情况，就有可能会通过以军事力量对外扩张的方式来解决问题。事实上雅典的大部分殖民地都位于富饶的小麦种植区或有望成为富饶种植区的地区。阿尔西比亚德[5]，作为雅典的政治家和将军，他是扩张政策的坚定支持者。他于公元前415年率领100艘船的船队征服了西西里地区，目的是将地中海最大的岛屿纳入版图，而这座岛屿是古希腊地区最大的粮仓之一。阿尔西比亚德的目的是从竞争对手斯巴达城邦那里取得战略优势。雅典人在西西里东部建立了殖民地，为从锡拉库萨往雅典运输粮食提供了平台。

围绕小麦商人的争议已然开始

《反对粮食商人》是雅典著名演说家利西亚斯在公元前386年的议会上发表的演讲，演说家在这次演讲中表达了为平抑粮价应加强对粮食市场以及粮食商人监管的愿望。以下是他当时在法官面前谈及粮食商人时所说的话的摘录："粮食商人的利益与公众利益背道而驰。他们什么时候获利最多？当宣布有灾难发生时，他们便可以高价出售粮食。他们对你们的不幸视若无睹，甚至幸灾乐祸，尽管有时他们比其他人要更早知道灾难会发生，甚至于有时候他们会凭空捏造一些灾难……他们和你们的敌对情绪如此之深，以至于在关键时期，他们会像敌人一样密谋反对你们。当小麦最为短缺的时候，他们将小麦囤积居奇，拒绝出售，让我们没有讨价还价的余地。我们不愿意买粮的时候空手而归，所以也就愿意用任意价格从粮食商人来购买粮食。因此即使有时在和平时代，我们也像被他们围猎一样。"这都说明谷物在雅典民主的发展和实践中发挥了至关重要的作用[6]。

罗马，被非洲养育，因面包而稳定

在古希腊时期，雅典是个具有统治地位的城邦，但是由于谷物的结构性短缺导致雅典需要大力发展小麦贸易，小麦贸易成为其对于对外政策的重要支点，对外政策又是以经济利益优先为导向制定的。后来罗马城也遇到了相似的问题：对农业供应的控制对于罗马城同样具有战略意义。事实上，由于从帝国肥沃的土地，尤其是从北非、西西里岛和西班牙这些地区进口粮食。帝国期待丰收的季节，每一个在布匿战争[7]期间被征服的地区的粮食生产都受到严格监控。如果说罗马不是一日建成的，那么罗马城也需要时间才能确保其粮食安全：它必须鼓励在小麦能丰产的地区种植小麦，然后收获小麦并组织好这一重要产品的商业流通。

粮食问题面临的这种挑战催生了被称为"安诺内"（l'Annone）的公共服务。这项服务被精心制定、监控和组织。罗马帝国必须保证罗马城内数以百万的居民的粮食供应，同时还要养活自己的军队，以预防可能因粮食问题而引发的叛乱。安诺内的行政长官拥有法官的地位，他对每年从各省收集的农产品的分配起着关键的作用，这种制度是从罗马帝国的"高帝时期"[8]开始的，即从公元前27年的奥古斯都时代到公元3世纪末。而在罗马帝国晚期[9]，君士坦丁堡的建立改变了原有的商业路线，因为来自埃及的麦子又一次在奥斯蒂亚港卸货。奥斯蒂亚位于罗马以南35公里处，地位相当于前文提及的比雷埃夫斯港于雅典城的作用：它是罗马帝国粮食的门户，粮食经由台伯河运抵罗马城。公元前2世纪末，设立了负责管理奥斯蒂亚以及港口事务的公共运输官职，这个职位大多由非洲人担任，因为他们熟悉小麦生产区，还在非洲当地拥有联络网，同时他们还获得了"运营商"的信任，从那时起就已经启用"运营商"这个术语用来描述这些从业人员。事实上，小麦供应链的组织涉及多种多样的职业，其脆弱性有时会转化为严重的危机。奥斯蒂亚在公元前68年被海盗袭击并被烧毁，这导致面包价格突然上涨，从而引发当时罗马参议员们的恐慌以至于采取一系列安全措施来保护其领土完整性并对抗海上的危险。加比尼亚法令[10]（Lex Gabinia）为庞培将军提供了非常重要的军事手段来根除地中海地区的海盗活动，以平息罗马的恐慌。这次行动成功之后，庞培、恺撒和克拉苏共同建立了罗马历史上第一个三人执政同盟，这是一个秘密的联盟，旨在让这三位领导人共同统治罗马帝国。

罗马人不但发明了标准化的道路、军营和城市广场的模式，还建立了一种标准化的仓库用来储存麦子，它被称为"粮仓"（horrea）[11]，现在还可以在奥斯蒂亚或其他地方看到。在罗马城，其中最大的一个粮仓储存空间达到了2500平方米，大约是科勒塞奥罗马斗兽场面积的十倍。小麦对于当时的罗马社会也具有特别的重要意义，因为罗马人崇拜谷物女神塞蕾丝[12]。这个代表丰收的女神的雕像现在仍被供奉在芝加哥农产品期货交易所的塔楼顶端，当今世界上大部分的小麦都是在这个交易所进行交易的。芝加哥农产品期货交易所（CBOT）[13]成立于1848年，是世界上历史最悠久的农产品交易所，时至今日仍由塞蕾丝女神守护。

罗马当局非常重视为民众提供娱乐和食物，正如朱韦纳尔[14]（Juvénal）所描述的那样，重视"面包和游戏"（panem et circenses）[15]。通过向罗马的某些公民公开发放面包，即著名的"公粮发放"（frumentationes）[16]，罗马皇帝试图购买"社会和平"。"粮票"（tessera frumentaria）[17]是一种外观为长方形的木质板，它甚至成了一种身份证明，证明此人有权免费领取分发的面包，这和20世纪的配给卡或者现在一些国家仍在实行的食品补贴的制度一样。

法老时代，埃及谷物丰沛充足

公元前 4000—前 3000 年，古埃及人和牧民在尼罗河岸边和绿洲定居。土地被用于耕种，灌溉的作用迅速变得至关重要，农民们积极管理农业资源的努力也得到了回报，这是法老王朝初期的历史沉淀。在种植的谷物当中，大麦占据主导。小麦，起源于地理位置相近的肥沃新月地带，也得到了发展。更准确地说，二粒小麦和单粒小麦是人类首次掌握种植方法的谷物，它们让埃及人能够将碾碎的谷物与尼罗河的水混合起来，制作出面包。这种面包既能滋养人类，还因为是祭祀时的祭品而具有宗教意义。在金字塔的发掘物里就发现了被保存的谷物，并配有猫咪守护以免受老鼠的侵害。正如赫罗多德在其作品中经常提及的那

样，这些猫咪受人崇拜，甚至被做成木乃伊，因为它们被视为是守护神。大麦和小麦的麦穗是丰收的象征，被悬挂在居民家的房门上。谷物产量不断增长，逐渐能够满足当地需求，随后实现出口。在公元前最后几个世纪，谷物出口量越来越大，首先是出口雅典，然后出口罗马。在公元前3世纪末，即第二次布匿战争时期，托勒密四世法老为满足罗马帝国的需求以极低的价格向罗马出售谷物。今天在古代努比亚（即现在的苏丹）的木乃伊和墓地的考古新发现能证明，在7000年前这个地区已经开始食用小麦，比科学家之前认为的时间要早几个世纪。

法国历史上的小麦

回溯历史，小麦也曾在法国历史上占有重要地位。特别是我们在此追溯历史的目的不是仅仅通过粮食这一主题来诠释法兰西王国的变迁和动荡，更是要揭示小麦在社会政治问题中的核心地位。

小麦与"良心的安宁"

什一税是一种古老的宗教税，在中世纪得到了长足的发展。该税制征收农民大约十分之一的农产品收成，甚至在某些地区征收比例可能更高，征收的农产品上交给教会，目的是可能出现的饥荒年份做预防准备。尽管葡萄酒、动物和亚麻也在征收范围内，但大部分征收对象主要是小麦，因此小麦被称为"大什一税"，以便和其他农产品区别开来。农民并不总认可这种税收，因为它影响到了生计，而且上交的农产品有时会被挪用，使得什一税偏离了其原定的功能。实际上，贪婪和腐败并不是最近才出现的新鲜事物，但在教会占主导地位的社会政治背景下，什一税的强制性质使其具有独特的地位。农民将自己的小麦交给教区或主教，希望能够更加接近上帝。在当时虽缓慢但确实存在的农业进步的背景下，什一税有助于在法国农村中创建一种集体团结和功绩的身份认同。根据教会接收什一税的谷仓填充率，还可以对当时农业情况（如粮食收成、产量等）有所了解。什一税还是一项古老的税收，与中世纪和近代[18]的众多税收一并缴纳。这个税制一直持续到 1789 年，而这一年对于法兰西王国来说是一个重要的充满变革的历史断裂点。

面包的价格和法国大革命

在 17 世纪末，根据沃邦[19]的研究，面包费用支出仍然占家庭预算的三分之二。在凡尔赛宫镜厅的穹顶下的过道上，我们现在仍能欣赏到一幅叫《王室的慈悲》的名画，描绘的就是国王路易十四在 1662 年的农业歉收之后，向那些食不果腹的老百姓分发面包的场景。这幅画是为了赞扬路易十四所采取的政治举措，表面上保护了法国老百姓免于饥荒。在 18 世纪，需求日益增多的民众和日渐衰落的君主制之间的力量对抗集中体现在许多经济摩擦点上，其中一个具体的问题就是面包供应的问题。1707 年，博瓦吉贝尔[20]出版了名为《论谷物的性质、培育、贸易和利益的论文》的著作，书中他主张通过研究一个国家的农业生产来考察该国的财富。他还提倡粮食流通自由贸易化以促进经济交流的更好发展。这个理论随后被一些重农论学者和杜尔哥[21]所接受，而后者曾担任路易十六的财政部部长。

这些政策的实施导致了农产品经济的自由贸易化，这在法国民众中引起了很大的恐慌。而在 1774 年 9 月 13 日颁布的《杜尔哥法令》则是标志着这种农产品自由贸易化达到了峰值，该法令确认了谷物交易的自由化。该法令颁布后的直接结果便是谷物价格飙升，面包价格也应声而涨。该法令是在农产品连续两年歉收之后颁布的，法国民众怨声载道，他们认为国王应该保护他们的臣民，并保证他的臣民以可承受的价格定期获得基本生活所需。民众还认为在这种食物短缺的背景下，一些囤积居奇的"投机倒把"人士会试图控制粮食及其分配。面对价格的飙升，法兰西王国的多个地区，尤其是北部地区，在 1775 年 4 月和 5 月爆发了多次骚乱，这就是所谓的"面粉战争"[22]。这种局势最终导致政府改弦易辙，恢复了对粮食价格的控制。这一动荡的插曲与那不勒斯王国经济学家费尔迪南多·加利阿尼[23]（Ferdinando Galiani）的著作中提及的想法不谋而合，他在 1770 年揭示了在粮食问题上

超越时代的真相:

"小麦可以被视为土地的产物，从这个角度看，它属于贸易和经济法的范畴。其次，它应被视为社会公共秩序中的首要必需品和最值得关注的对象，从这个角度来看，它归属于国家政治和理性范畴。"

"面粉战争"是 18 世纪末法国大革命的序曲。尽管我们不能否认资产阶级在 1789 年法国大革命中所起的作用，但许多历史学家也强调了这场法国起义的多元性。和资产阶级大革命同时爆发的还有一场农民革命，而这场革命有其自身的爆发动力，极度担心小麦价格上涨的情绪催化了农民的愤怒。法国农村和农民并不是革命的旁观者，相反地，它们始终处在政治舞台和战场的中心位置。之后不久，法国的经济辩论还是集中在是否实现小麦自由贸易化的问题上，尤其是在 1811—1812 年和 1816—1817 年的两次粮食危机中，这种争论就更为激烈。而这两次的粮食危机揭示了法国国内空前的紧张局势，并凸显了国家对巴黎这个消费中心的政治优先性。

第一次世界大战及其对农业的影响

从 19 世纪下半叶到第一次世界大战爆发前夕，农业在法国仍然是第一大经济部门，也是最主要的劳动力来源——约占 40% 的劳动力为农业服务。农业甚至构成了第三共和国的社会理想，促使政府从 1881 年开始为农业设立了一个独立运作的部委。但是第一次世界大战使整个欧洲领土备受战争蹂躏，战争对法国农业的冲击尤其巨大。当1914年第一次世界大战爆发时，秋收尚未结束，农民们不得不放弃庄稼，奔赴前线。1914—1918年，将近370万名法国农民离开了他们的土地上前线打仗，占法国农业劳动力的三分之二。其中超过100万人丧生或因伤势过重而无法继续从事农业劳动。除了劳动力短缺的问题外，还伴随有牲畜数量（当时是马）减少和化肥（钾肥、氮肥等）的严重缺乏等问题，因为这些化肥均被用于制造爆炸物了。法国的粮食生产本已出现赤字，第一次世界大战爆发以后更是一落千丈，被部队占领和战争摧残的土地也无法再耕种。1918年，与1914年相比，法国的谷物种植面积减少了三分之一。同时产量下降，小麦的产量在战后只有战前的六成左右。在这种情况下，面包的短缺威胁着法国，而法国上一次大规模的食物短缺还得追溯到1847年。1914—1920年，小麦价格翻了三倍，并且从1917年开始实行了食物配给卡制度。此外，粮食进口量增加，主要是从殖民地进口粮食，尤其是从阿尔及利亚。1915—1920年，法国进口了200多万吨小麦，是战前的三倍。为了满足国内需求，法国灾难性的经济数据是因为贸易逆差在不断扩大。尽管重新收回阿尔萨斯 – 摩泽尔[24]地区让法国获取了新的小麦种植土地，但法国的粮食安全仍然需要依赖进口。

那些远离战火纷飞的欧洲主战场的粮食生产大国则抓住了这次出口粮食的机会，它们依次是：美国、加拿大、阿根廷和澳大利亚。而同盟国成员英国、法国和意大利则不得不共享它们的后勤资源和船只来确保这些来自遥远地区的粮食供应。法国在1892年1月11日实施《梅里尼法案》，该法案设立了双重关税制度，旨在保护法国粮食农业，尤其是使其免受国际低价农产品进口的伤害。然而由于战争的破坏，法国的农业实力在签署《凡尔赛条约》之际已经遭受了重创。在两次世界大战之间以及第二次世界大战以后的时间内，因为小麦进口的问题，北非殖民地的地位就显得更为珍贵。在1929年爆发世界经济危机之后，法国出台了大量关于小麦的法令：在20世纪30年代初，法国就通过了与此相关的一百多项法律、法令和法规。

随后的几年里，连续的粮食丰收使粮食库存得到补充，甚至到了超出国家物流能力的地步。而由于仓储设施不足和缺乏出口粮食的基础设施，导致粮食价格暴跌。但是随着欧洲战火重燃，受到波及的法国从1940年开始，粮食形势变得严峻。战争期间面包短缺使法国政府和老百姓深受伤害，毕竟战争前法国人均消费面包已达每年135千克。因此，政府试图依靠"国家粮食行业协会"（ONIC）[25]来改善面包的分发条件。"国家粮食行业协会"脱胎于1936年由"人民阵线"设立的"国家小麦行业协会"（ONIB）[26]。法国直到1949年2月才取消面包配给，并且直到20世纪70年代初才能在不依赖进口采购的情况下满足国内谷物需求。就这一点而言，1949年法国粮食生产者大会的宣传口号："进口汽油是必要的，进口小麦是荒谬的"。的确代表着一种具有先驱意义的远见卓识。法国人民仅仅用了不到半个世纪就实现了不再依赖全球小麦，即不再依赖进口，实现了小麦的自给自足来满足国内消费。

20世纪的核心动力

在20世纪初，无论是在地缘战略层面还是在小麦的生产和贸易方面，一个原本被欧洲强国垄断的旧世界逐渐走向没落。这一局面是由自19世纪以来许多重大趋势演变所导致的结果，在这个过程中，美国逐步确立了自己的主导地位。

新世界，新演员

在19世纪后三十年至第一次世界大战期间，俄罗斯的小麦出口量平均占全球小麦出口量的一半以上。1917年的布尔什维克革命后，俄罗斯消失在全球小麦商业贸易网络中。苏维埃政府，借用列宁提出的"小麦战争"这一表述，采取行动，试图征用据称存储在农村的储备粮食，以此来养活城市和工人。还必须指出的是，数百万俄罗斯人被征召到前线，使得谷物产量大幅下降：1919年产量只能满足国内50%的需求，而战前能够满足国内100%的需求。

"新兴"国家将成为粮食贸易的推动力量。和古希腊雅典时期活跃的表现相比，粮食贸易在中世纪和近代发展相对缓慢。但以粮食交易所和期货市场的诞生为标志，粮食贸易从19世纪中叶开始发力发展，并在第一次世界大战后发展更为迅猛，这得益于成本低廉的海运发展，美国、阿根廷和加拿大的小麦进入了欧洲市场。

在两次世界大战期间，这种粮食贸易新格局被不断巩固发展。而这一时期农业的另一个特点则是寻求提高粮食产量的方法。1927年4月，在罗马召开了第一次国际小麦会议，云集了来自30多个国家的代表和技术专家——而当时全世界只有不到70个国家。这次会议的主要议题是商讨粮食贸易问题，但更重要的是研讨粮食农艺学和应对天气问题，以及培育出具备抵御气候变化能力的小麦品种。贝尼托·墨索里尼亲自在该次会议致开幕词。自1925年启动"粮食战争"[27]以来，这位意大利独裁者一直密切关注着亚平宁半岛各地育种中心的建立问题，而"粮食战争"被视为是法西斯计划的核心举措。随着全球经济危机的爆发，小麦问题成为国际合作热门的话题。1933年8月，为实现全球小麦供需平衡并以此限制不必要的剩余，22个小麦进出口国的代表在伦敦达成了一项协议。该协议旨在避免小麦价格过度波动的同时让其维持足够高的价格，以保障生产者的生产活动。四个主要的小麦出口国——美国、阿根廷、加拿大和澳大利亚——同意通过减少播种面积来减少15%的出口量。与此同时，小麦进口国也承诺不增加各自国家的小麦产量。尽管由于全球地缘战略环境的变化和协议方未能兑现承诺等原因，这一协议很快就以失败告终，但在当时而言这一多边协议并非毫无收益。

在 20 世纪 30 年代末，当全世界即将进入混战之际，全球的农作物收成普遍不佳。1938 年，为维持针对粮食问题的多边讨论，在伦敦召开了一次新的大会。随后于 1942 年 8 月在华盛顿成立了国际小麦委员会。以上都为在 1945 年后的和平建设背景下，重启多边谈判以达成更广泛的粮食国际协议提供了可能。1949 年，在美国总统哈里·杜鲁门的努力下达成了一项关于粮食问题的国际协议，兑现了他参加总统竞选的一个主要承诺。尽管在随后的几十年中，该协议历经修改，但确保了粮食出口大国在一定时期内以固定的价格出口粮食的配额的权益。最开始这项协议只针对小麦出口，后来扩展到所有谷物出口的范围。但这项协议也逐渐碰到了越来越多的困难。究其原因，主要是因为冷战以及从 20 世纪 80 年代以来主要农业大国之间的地缘经济竞争加剧。在这方面，有必要重点关注下美国在 20 世纪下半叶的农业政策。

来自东欧的小麦，对于纳粹德国有战略意义

1939—1945 年，肆虐于欧洲的第二次世界大战对欧洲的农业造成了巨大伤害。小麦种植区在战争中受到严重破坏，其中一些还位于纳粹德国的战略核心地带，尤其是被纳粹德国觊觎已久的著名的乌克兰黑土地带。纳粹德国自 1941 年开始实施巴巴罗萨计划（Plan Barbarossa），该

计划导致了德国第三帝国军队对苏维埃社会主义共和国联盟（uRSS）东欧领土的入侵，这一计划源自生存空间的理论，也同样基于对发展经济力量不可或缺的资源的必要掠夺，从而执行巴巴罗萨计划，第三帝国部队入侵了苏联欧洲东部的部分领土。该计划源自生存空间理论，同样也体现出发展经济就必须要掠夺不可或缺的资源。为了赢得战争，纳粹德国必须实现资源自给自足，但当时的纳粹德国做不到这一点。这个自给自足的问题甚至也被认为是德国第一次世界大战失败的主要原因之一。为了增加农业产量并提高德国的粮食安全，阿道夫·希特勒和他的农业顾问赫伯特·巴克均把乌克兰的肥沃土地和东欧的小麦视为囊中之物。他们均认为，必须以牺牲当地居民的利益为代价来开发这些土地。纳粹的恐怖的"饥饿计划"甚至都波及了苏联东部德国军队占领区的居民。一方面德国军队拥有优先获得食物的权利，另一方面强加给其他人群的饥饿其实是为了缓解德国国内的粮食不安全问题。同样为了大规模消灭犹太社区，纳粹德国也诉诸剥夺食物的手段，在集中营和华沙犹太人聚集区，饥饿是导致近10万人死亡的主要原因。

美国人的小麦算盘

第二次世界大战结束后，国际政治和外交面临的最大挑战就是粮食安全问题。美国率先行动，引领节奏。在第二次世界大战尚未结束的 1943 年，时任美国总统罗斯福就倡议在弗吉尼亚州温泉镇举行了第一次国际粮食与农业会议，为成立"联合国粮食及农业组织"（FAO）[28] 奠定了基础。联合国粮食及农业组织于 1945 年正式成立，成为有史以来第一个联合国机构。该组织总部原设在华盛顿，1951 年迁至罗马，与 20 世纪初就设在罗马的"国际农业研究所"合并。

在半个世纪的时间里，作为主战场，欧洲大陆遭遇了两次战火的蹂躏，在此期间小麦生产和流通的地理格局都发生了变化。美国、加拿大、阿根廷和澳大利亚主导着战后的小麦格局，它们四国在 20 世纪 50 年代和 60 年代平均占据了全球小麦出口的 70%~80% 的份额。在农业大国的相互竞争中，尽管各方也在尝试制定关于小麦贸易的多边协议，但双边机制以及农业大国的单打独斗模式仍占据了上风。如果说美国战后增强了其在全球的军事和商业霸权地位，这种统治地位也逐渐在农业事务和小麦交易中体现出来。美国的小麦产量远远超出国内消费需求，而欧洲的小麦需求却日益增长，此外全球许多地区也将逐渐成为高增长的小麦消费中心，尤其是亚洲地区。1950—1980 年，美国的农产品出口额从 30 亿美元增加到 420 亿美元，其中平均有 40% 的份额是谷物出口作出的贡献。1960—1980 年，美国在全球小麦出口中的份额在 35%~45% 浮动。

　　小麦除了带来经济收益外，美国还深知小麦战略符合其在东西方竞争中的地缘战略利益。休伯特·汉弗莱（Hubert Humphrey）在 1958 年提交给参议院的一份报告为粮食外交奠定了基石，该项外交旨在使美国在美苏争霸中占据上风。这份报告的开篇词是发人深省的：

> "粮食和纤维 [29] 的富足是美国在全球争取和平与自由斗争中的王牌优势。这些王牌资源有待于我们以果敢和同情的态度加以全面利用……在冷战的背景下，成功解决饥饿问题可能比在太空竞赛中的成功更有实际意义和影响力……不是武器，而是面包很可能决定人类的未来。"

　　1979 年，在埃及和以色列签署和平协议时，时任美国国务卿亨利·基辛格将小麦作为一种施压手段摆在谈判桌上。如果埃及总统阿努瓦尔·萨达特执意不签署文件，美国将关闭向埃及的小麦供应渠道。与以色列的和平意味着埃及获得了美国的保护和援助，但却使埃及失去了阿拉伯世界领袖的地位。萨达特的前任贾迈勒·阿卜杜勒·纳赛尔（Gamal Abdel Nasser）所珍视的泛阿拉伯主义和统一的阿拉伯世界的理念遭到了破坏，埃及自诩为阿拉伯民族主义急先锋的地位也受到了重创。

　　冷战期间美国粮食援助的重要性却鲜为人知。1954 年，美国颁布了《第 480 号公共法案》[30]，随后又制定了"粮食换和平计划"和"粮食换进步计划"。在这些计划中，小麦既是主要产品，同时又被视为是一种武器，成为向粮食依赖进口的国家施压的重要手段。为了扩大西方阵营的辐射范围，农业积极行动主义也加入到增强美国影响力和实力的话语权的建设中。华盛顿通过粮食援助的形式出口小麦，目的因受援国而异。虽然这些援助促进了粮食资源匮乏国家的发展，但同时也让这些国家的消费者习惯于美国小麦，尤其是著名的"硬红冬小麦"。尽管美国的小麦出口问题在埃及和中东备受关注，但实际上美国的小麦出口几乎遍布全球，重点集中在亚洲（印度、巴基斯坦、韩国、越南、中国台湾）。根据《第 480 号公共法案》，美国在 1959—1982 年总共出口了近 1.8 亿吨小麦。

为了保护美国自身的国家安全，进而也是为了保护"自由世界"的安全，美国也像储备战略石油一样储备小麦。1972—1973 年的世界粮食危机，正好与当时的谷物市场的震荡同时发生。当时苏联和美国正处于列昂尼德·勃列日涅夫和理查德·尼克松执政时期，两国的关系处在升温期，而苏联从这时开始以及其后的很多年，都在收成不佳的情况下，从美国市场购买小麦。美国在农业领域的商业渗透，在相继占领了西欧、中东和亚洲市场之后，这一次在其主要敌国腹地取得了象征性的突破。如果说苏联可以吹嘘自己的油气资源可以支付谷物采购的账单，那么可以肯定的是，从华盛顿购买小麦的这种行为，意味着莫斯科象征性地单膝跪地向华盛顿请降，而此时全球市场正陷入恐慌，小麦价格在 1974 年飙升至 200 美元以上。地缘政治和谷物价格再次紧密联系在一起。

最后，我们不得不提及绿色革命。从 20 世纪 60 年代开始，绿色革命使全世界的农业产量，特别是小麦产量大幅提高。这场革命部分是由美国洛克菲勒基金会推动的，该基金会是在冷战期间提升美国在国际上影响力的急先锋。在墨西哥，1970 年诺贝尔和平奖得主、美国农学家诺曼·博洛格开发了矮化了的小麦品种"矮秆小麦"。过去几十年全球小麦产量的激增，使"矮秆小麦"听起来并不合适。因此，美国在全球谷物产量中的强大地位并非仅仅依赖自然资源，还要归功于一项真正的研究战略，目标是充分开发和利用这些资源。

通过研究历史长河中这些迂回曲折的事件，我们掌握了小麦在众多历史事件和大国战略中的核心地位，现在需要了解的是，尽管小麦在世界各地被越来越多的人消费，但这一战略商品的地理分布是多么的不均衡。

译者注

1　伯利克利（Périclès，公元前495年—公元前429年）是古希腊雅典的政治家、军事指挥官和演说家，被认为是雅典黄金时代的代表人物之一。伯利克利在公元前5世纪的雅典施行了一系列重要的民主改革，促进了雅典文化的繁荣，这段时期雅典达到了其艺术和建筑的巅峰。伯利克利领导下的雅典也对其周边地区拥有重大的影响力和权力。

2　匹斯特图拉斯：（Pisistrate）（公元前6世纪末至公元前527年）是古希腊雅典的一位重要政治家和独裁者。他在雅典历史上扮演了重要的角色，并对雅典的政治和文化发展产生了深远影响。

3　德罗斯联盟：La Ligue de Délos（Delian League）是公元前5世纪中期的一个希腊联盟，由雅典领导，旨在与波斯帝国对抗。

4　50公担：1公担=1000千克。

5　阿尔西比亚德（Alcibiades，约公元前450年—公元前404年）是古希腊时期雅典的一位著名政治家、演说家和将军。

6　A. Moreno，"哺育民主：公元前5世纪和公元前4世纪的雅典粮食供应"，牛津，2007年。

7　布匿战争（Punic Wars）指的是古罗马和迦太基之间的一系列战争，总共发生了三次，时间跨越从公元前264年到公元前146年。"布匿"一词来源于拉丁语"punicus"，指的是迦太基人，这个名字因为罗马人称迦太基为"Punici"而得名。布匿战争对地中海的政治格局产生了巨大影响，罗马通过这些战争成为地中海地区的主要强权，并最终建立起古罗马帝国。

8　高帝时期：Le Haut-Empire，指的是罗马时代的"高帝时期"或称"初帝时期"，主要是指罗马帝国的早期，大约从公元前27年到公元284年这一段时间。

9　低帝时期：Le Bas Empire，具体指的是罗马帝国的晚期阶段，大约从公元3世纪末或4世纪初开始，直到公元5世纪末西罗马帝国的衰落。

10　"加比尼亚法令"（Lex Gabinia）是公元前67年古罗马人民大会通过的法律，此法令赋予了庞培将军极大的权力以消灭地中海的海盗。

11　horrea:，拉丁语单词，中文意思是"粮仓"或"仓库"，用于存储谷物和其他物资。在古罗马时期，这类建筑物常被用于储存麦子等农作物。

12　塞蕾丝（Cérès）是罗马神话中的农业女神。

13　Chicago Board of Trade (CBOT)：芝加哥期货交易所。

14　朱韦纳尔（Juvénal）是公元1—2世纪的罗马讽刺诗人，他的诗歌以其犀利的幽默和激烈的批判而闻名，揭示了罗马帝国的社会和道德问题，他的作品对西方讽刺诗的发展产生了深远影响。

15　panem et circenses 为拉丁语单词，面包和游戏。

16 "frumentationes" 是拉丁语单词，指的是古罗马政府对城市中某些公民进行的公共粮食分发活动。这是罗马皇帝为了维护社会和平而实施的一种政策。

17 "Tessera frumentaria"，在古罗马指的是一个发放粮食的证票或标记。这是罗马政府为了救助其庞大的城市人口而开展的一项公共粮食补给制度。持有这种粮食标记的公民有权在城市的公共粮仓，也称为 'Horrea'，领取定量的谷物，通常是大麦或小麦。粮食券制度实施的背景是古罗马的城市化程度较高，而且社会阶层差距较大，为了保障低收入阶层的基本生活需求，古罗马政府实施了"粮食券"这样的公共福利政策。这是世界上最早的社会福利政策之一，对后世的福利政策产生了影响。

18 原文是 "la période moderne"，指的是欧洲历史上的现代时期，从 14 世纪末至 18 世纪末，或者从文艺复兴运动开始至法国革命前夕。这段时期的欧洲经历了许多文化和政治上的重要变革，包括大航海时代的开启、工业革命的发生等。

19 沃邦（Vauban），全名 Sébastien Le Prestre de Vauban（1633—1707），他是法国路易十四时期的一位将军和工程师，是路易十四时期的重要人物。

20 博瓦吉贝尔（Boisguibert），全名为 Pierre de Boisguilbert（1646—1714），法国经济学家和政治家。

21 杜尔哥（Turgot），全名为 Anne-Robert-Jacques Turgot（1727—1781），是 18 世纪法国的一位政治家、经济学家和改革者。他曾担任路易十六国王时期的财政部部长（Contrôleur général des finances）。

22 面粉战争（La guerre des farines）是指发生在 18 世纪法国的一系列抗议、骚乱和社会动荡事件。

23 费尔迪南多·加利阿尼（Ferdinando Galiani，1728—1787）是 18 世纪意大利的经济学家和外交家。

24 阿尔萨斯 - 摩泽尔地区："Alsace-Moselle"是指法国东北部地区的两个省阿尔萨斯（Alsace）和洛林（Lorraine）中的一部分地区。

25 ONIC：l'Office national interprofessionnel des céréales，国家粮食行业协会。

26 ONIB：l'Office national interprofessionnel du blé，国家小麦行业协会。

27 粮食战斗行动（La bataille du grain）指的是意大利 1925 年开始的一项行动，这是意大利法西斯主义政府的一个重要举措，旨在加强意大利的农业和农产品生产，并使国家变得更加自给自足。

28 FAO 全称是 Food and Agriculture Organization of the United Nations，联合国粮食及农业组织，简称"粮农组织"。

29 "fiber"此处应该是指农业纤维，如棉花和其他植物纤维，它们是制作衣物、绳和其他物品的原材料。在提倡食品和纤维作为促进自由的力量时，报告作者可能强调的是农业的整体生产能力——包括食品和植物纤维——对于支持一个国家的经济独立和政治自由至关重要。

30 《480 号公共法案》：是美国《1954 年农产品贸易发展与援助法》的简称。

Géographie du blé : productions et consommation

02

小麦的地理分布：
生产与消费

小麦是一种具有战略意义的原材料，自古代文明诞生以来，一直在社会发展中发挥着核心作用。虽然全球对小麦的需求随着人口的增加而不断增长，但小麦的种植区域却一直局限在地理条件优越的地区。充足的水源、肥沃的土壤和温和的气候构成了有利于农业生产和小麦种植的三要素。但只有很少的国家拥有这些有利条件。随着城市化进程的不断推进，城市的粮食安全往往是政府当局需要考虑的首要大事之一。世界范围内的小麦交易活动日益加强，但生产供给的集中化与需求的爆炸式增长之间的矛盾也日益扩大。

小麦生产和种植版图

脆弱的平衡

对于许多植物学家和历史学家来说，小麦的起源地在美索不达米亚，即中东的新月沃地，而农业本身也被认为于公元前9500—公元前8700年左右起源于该地区。而最新的一些研究也拓宽了小麦起源的地理范围。软小麦[1]被认为起源于安纳托利亚[2]和喜马拉雅山之间的西南亚，而硬小麦则被认为起源于地中海东部沿岸，甚至是有可能起源于今天的埃塞俄比亚。虽然科学研究领域对小麦的起源地仍未有定论，但可以肯定的是，人类自古以来就有种植小麦，这种谷物的生产和消费已有数千年的历史。得益于人类丝绸之路开拓的路线以及通过伟大的海上探险，小麦种植区域甚至遍布全球。小麦的这种地理扩展也是基于其自身特有的属性。尽管温带地区规律的降水更有利于小麦的生长，但小麦其实是一种能适应各种气候的农作物。小麦的种植面积逐渐扩大也得益于人类种植技术的进步。农业技术的进步和机械化程度的提高最终增加了小麦的种植面积并提高了其产量。从人类最早开始尝试种植小麦到最近的将基因技术引进到小麦种植中，这其中还包含了与其相关的文化、宗教仪式以及文明和宗教习俗等，人类与小麦之间的互动历史呈现出丰富多彩的局面。

在全球范围内，作为农作物的小麦的地理分布格局赋予了其重要地位：虽然全球各国依据不同的农业历法在耕作，但地球上一年四季都能有小麦收成。小麦产区按季节划分，像个钟摆一样在南北半球迁徙，当然，这其中也掺杂着迥异的社会、文化和政治背景。全年都能收获小麦，这给小麦贸易带来了一定的稳定性，因为理论上在一年的任何时刻都能获得这种商品，但这种看似舒适的情况，其实只是相对的。因为对于一个或多个国家而言，上一年和下一年的小麦收获量有可能有很大的变化。当主要生产国－出口国出现小麦产量下滑和赶上气候灾年时，市场很快就会变得紧张，因此当涉及农业问题尤其是小麦问题时，地理因素的核心地位不容忽视。尽管有越来越先进的预报工具，但世界上任何地方的小麦收成，在小麦收割之前，仍然存在很大的不确定性。农作物产量的不可预测会导致投机行为，尤其是如果信息不充分或存在刻意隐瞒，投机行为就更加明目张胆。同样，作为一个相互依存的世界的必然结果，世界某一地区的小麦歉收势必会影响整个国际粮食贸易。一个小麦出口国可能会因天气原因造成粮食减产，在歉收后的几个月里，该国在世界粮食市场上的份额会相应减少。而一个结构性的粮食进口国，在遭遇气候灾害的时候，粮食需求量也会激增。

有鉴于此，小麦市场的动态变化需要考虑到这些波动的地理参数。此外各类地缘政治事件也是影响小麦定价的因素，同时还会影响国家层面、相关金融领域或物流运营商的行为。近期黑海沿岸的政治震荡正有效地诠释了这一复杂性。2014年谷物价格飙升，尽管当时在莫斯科、欧洲各国首都和华盛顿之间险象迭生并出现了外交紧张局势，但是乌克兰的粮食出口总量仍得以维持。2022年，俄乌冲突再次爆发，这次农产品市场反应强烈。在俄乌冲突爆发之后，尤其是因为乌克兰这次未能维持住对世界各地的粮食出口，直接导致全球谷物价格飙升。双方冲突陷入僵持的局面以及乌克兰粮食生产和出口能力的不确定性导致小麦价格在数月内持续保持历史高位。

因此，造成谷物市场的商品流动的数量及其价格的波动的因素其中一些会和农业因素有关，而另一些因素却与农民的耕作、天气现象或粮食消费这些因素无关。国内或国际政治的不确定性所包含的固有的风险加剧了市场的不稳定性。此外，小麦还呈现出高度的国际化：每年平均有占全球小麦产量25%的小麦在全球市场流通。而其在所有农产品的比值仅为10%，可可和咖啡等地域化极强的作物的这一比例最高可达90%，大豆为30%。至于其他谷物，大麦的比例一般为20%，玉米为13%，大米为10%。但也正是这些数据直截了当地说明了为什么基础农产品交易至关重要但却又极其脆弱。尽管全世界有数十亿人日常食用小麦，但其主要生产国却只集中在少数几个国家，而有能力规律出口小麦的国家更是少之又少。

全球的不平等现象

如果我们想要充分了解当下和未来小麦问题的重要性，有必要先了解一下这个领域涉及的深层次问题。在过去的一个世纪里全球人口数量增长了4倍，从1920年初的20亿增长到2020年初的80亿，而同期地球上的小麦消费量和产量却增加了近8倍。农业从业人员的辛勤劳作使得人类得以应对这种需求空前增长带来的粮食挑战。但是这个成就既对环境和自然生态系统产生了影响，同时也揭示了农业发展不同阶段和地球上不同地区之间存在着的显著不平衡。

19世纪末，世界小麦产量约为6000万吨。到第一次世界大战爆发时，世界小麦产量约为1亿吨。20世纪50年代初，一方面技术进步初见成效，另一方面相对稳定的国际和平环境使得农业生产稳定增长，小麦产量突破了2亿吨大关。到20世纪60年代中叶，小麦产量已经突破了3亿吨大关，用了不到20年的时间就实现了增产 1 亿吨的目标，而在 20 世纪上半叶，全球只需要五年的时间就能实现这样的飞跃。基因革新技术和机械化程度的提高大大地提高了小麦产量，这一点在北美、澳大利亚和欧洲农业上表现尤为显著。当时间迈入 2000 年的时候，小麦年产量已经突破 6 亿吨大关。2011 年则是一个新的里程碑，全球小麦收获量超过 7 亿吨。2021 年的新纪录是，全球小麦产量为 7.8 亿吨。非常合理的推测是，全球小麦产量将在 2025 年前后超过 8 亿吨。这一数字也反映出全球持续增长的小麦需求，随着城市化程度的提高和人口的增长，半个多世纪以来，全球小麦消费量越来越大。未来我们面临的一个未知的问题是：在 21 世纪内全球小麦的生产曲线和消费曲线是否会继续保持同步增长？此外，我们也不能保证未来全球小麦产量会像 20 世纪那样飞速增长，因为未来小麦产量的增长将受到气候条件、全球消费和技术创新等多种因素的制约（表 2-1）。

表 2-1　世界小麦产量的长期变化趋势

世界小麦收获量	关键年份	跨越式增长所需要的时间跨度
5000 万吨	1880 年左右	—
1 亿吨	1910 年左右	—
2 亿吨	1950 年左右	大约 40 年
3 亿吨	1966 年	大约 15 年
4 亿吨	1976 年	10 年
5 亿吨	1984 年	8 年
6 亿吨	1997 年	13 年

世界小麦收获量	关键年份	跨越式增长所需要的时间跨度
7 亿吨	2011 年	14 年
8 亿吨	2023—2025 年?	—
9 亿吨	2040—2060 年?	—
10 亿吨	2050—2080 年?	—

数据来源：联合国粮农组织（FAO）。

值得一提的是，近年来小麦产量的增长速度已经放缓，供需之间的差距正在缩小。事实上，自 21 世纪初以来，全球对小麦的年需求量超过年生产量的情况发生了 11 次，其中在 2000—2013 年发生了 8 次，另外的 3 次发生在 2018—2021 年[3]。也就是说，在 2013—2018 年，市场相对平稳，出现了供需缓和的局面，在此期间小麦的年收成都超过了年需求，而这段时期也与市场显著萎缩期相吻合，在该段时间市场急剧紧张，粮食库存逐渐减少，价格也随之上涨。无论是粮食过剩还是短缺，差异值总是非常小。尽管如此，一旦出现差异，小麦价格的波动和市场参与者的紧张情绪就会显现出来。虽然全球小麦消费的需求呈现上升趋势，但是小麦的生产曲线却受气候和地缘政治的影响似乎越来越具有弹性。全球的小麦粮仓和小麦出口国都没有发生生产灾难的余地，所以一旦小麦产量下降，将不可避免地对粮食市场和国际粮食安全造成冲击。

我们也不应忽视粮食价格对生产者的影响，虽然粮食价格过高可能会令消费者和那些依赖粮食进口的国家感到焦虑，但粮食价格过低也会影响粮食种植者的生产积极性。如果生产成本超过了收入，并且这种情况频繁发生，粮食种植者就很难长期抵御这种经济冲击。然而这些经济冲击可能会在不利的天气条件或爆发地缘政治危机的情况下发生，因此粮食种植者就如手握一张中奖率不确定的彩票一样将不得不越来越多地应对这种收益的不确定性。虽然希望小麦价格不过高，以使更多人能享用这种农产品的想法固然是合情合理的，然而小麦价格过低可能会带来供应方面的多种风险。小麦价格的理想平衡点的确很难找到，但是正如一句农业谚语所讲的"价钱是最好的肥料"，如果没有特别有利的价格吸引，这些年是不是也不可能生产出如此多的小麦？简而言之，如果种植小麦在经济上利润不那么可观，那么供需之间的差距会不会更明显呢？尽管由于土壤、气候等原因，不可能在世界任何地方都能生产小麦，但值得注意的是，在一些国家这种农作物可能会因为缺乏资金支持或者回报率低对种植者缺乏吸引力。而在其他一些国家这种农作物有时可能会因为用于其生产的资金和设施与潜在竞争对手相比相形见绌而造成该作物在该国战略竞争力不足的问题。

此处不得不再次提及生产空间的问题。如今小麦的播种、种植和收获面积达 2.2 亿公顷，这在世界农业版图上也是一个相当大的数字（约占所有耕地面积的 1/8），和其他粮食作物相比的数据如下：玉米是全球排名第一的粮食作物，每年产量近 12 亿吨，种植面积和小麦接近，约 2 亿公顷。小麦的种植面积是大麦的四倍，大麦的种植面积约为 5000 万公顷；小麦种植面积也远高于种植面积仅为 400 万公顷的水稻。尽管小麦在全球范围内可种植面积相当可观，但在世界地图上占比还是相对较小的。如果说法国本土面积为 5500 万公顷，那么全球要有四倍于法国国土面积的小麦生产面积才能生产出全球一年所需的小麦总量。自 20 世纪 60 年代以来，小麦种植面积一直稳定在 2.2 亿公顷左右，直到 20 世纪 80 年代初，小麦种植面积才达到创纪录的 2.4 亿公顷。小麦产量的提高是促进全球小麦生产力增长的驱动力。1960—2020 年，小麦产量大幅提高，平均每公顷的小麦产量翻了两倍。小麦种植者不是通过扩大种植面积，而是通过改良小麦品种和更好地管理农作物来成功地应对了他们所面临的生产挑战。1970—2020 年全球小麦的产量翻了一番，假设为了跟上小麦消费和生产的步伐，只是单纯采取增加小麦种植面积的方法，那么，为了达到这种产量，全球需要 4.5 亿公顷的小麦种植面积，即要占用全球农业用地的近三分之一……这样的扩大面积生产将势必对其他农产品或土地用途造成损害，何况这些土地本来就让许多人垂涎很久了。这些数字还需要结合小麦收获的时间和生产的实际情况来看待，因为不同地区和国家的情况大相径庭。

尽管收获季节有差异，但在全球全年都能收割小麦，有时会区分为冬小麦和春小麦。从简化的角度来看，北半球主要小麦生产国的收割时间在 6—9 月，这其中印度、埃及和中国在 4—5 月开始收割。而南半球的小麦产区较为稀少，同时地理位置集中，主要集中在阿根廷和澳大利亚，这两个国家的收割季节在

11—1月。在小麦种植的整个周期中，对于任意一个国家的小麦种植者以及小麦市场经营者来说，降水量都是必须被密切关注的最重要的因素之一，他们可以通过这个对于粮食种植至关重要的自然资源来预测未来的小麦价格。尽管人们必须等到小麦收割结束才能完全了解和精确评估小麦产量，但是降水量的多少决定了收割到的小麦的数量和质量。为了充分理解小麦地缘政治的细微差别，我们需要记住的是：尽管全世界每天都在消费小麦，但在小麦生产国一年只能收获一次。因此，这些产小麦地区必须拥有适宜的气候和有利于农业种植和收割的环境。干旱、自然灾害、物流困局或地区冲突都可能很容易就打破这种平衡局面。

此外，从全球角度来说，各个国家小麦的种植面积的规模和产量差异巨大。印度、俄罗斯、欧盟、中国和美国拥有全球超过一半的麦田，全球 25 个国家总麦田达到 2 亿公顷，占全球总面积的 90%。这些国家之间的小麦产量差异也非常巨大：德国和法国的每公顷面积产量是印度或阿根廷的两倍，中国的产量是俄罗斯的两倍。虽然图 2-1 中没有提到，但荷兰和比利时的小麦单位面积产量也非常高（8.5 吨 / 公顷），埃及和沙特阿拉伯也有很高的产量（6.5 吨 / 公顷）。相反地，尽管哈萨克斯坦拥有大面积麦田，但平均产量却非常低（1.2 吨 / 公顷）。这些当代的不均衡现象无法掩盖各个国家小麦种植的不同增长轨迹。在 1970—2020 年，中国小麦的平均年产量增长了 380%，法国为 100%，美国则为 50%。自 21 世纪初以来，伊拉克、摩洛哥和阿富汗是全球小麦平均年产量增加最多的三个国家，尽管这些国家的产量年际差异可能变化很大。全球范围内，小麦的平均产量现在为 3.4 吨 / 公顷，相比于 20 世纪 70 年代初翻了 2 倍。然而以 20 年为一个周期，目前这种增长趋势有所减弱：1960—1980 年小麦平均产量增长了 70%，1980—2000 年增长了 47%，但在 2000—2020 年仅增长了 26%（图 2-1）。

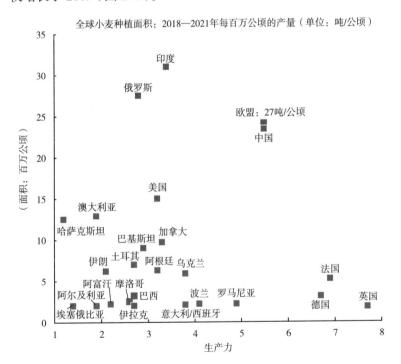

图 2-1　全世界小麦种植面积排名前 25 位的国家及其平均生产力（2018—2021 年）

数据来源：作者基于联合国粮食及农业组织（FAO）的数据做的推导和计算（2022 年）。

全球小麦产量的不均衡性一方面和产地的地理条件（如土壤、气候等）息息相关，另一方面也不能低估人类劳动的重要性，这其中尤以生产经验和技术培训为重，此外还不能忽视技术工具的重要性。另外值得注意的还有：一个农业大国的关键因素之一是其生产的稳定性。在这个方面温带国家的生产和生产力是较为稳定的。相较于世界上其他气候变化剧烈的地区，西欧就得益于其稳定的生产，这使其能够比世界其他地区更从容地年复一年地看待其小麦收成。气候不稳定可能导致全球粮食安全的动荡，在强化地缘政治相互依存关系的同时也加剧了围绕小麦问题的国家之间的战略竞争。

小麦与人类生活息息相关。虽然说全球有近 120 个国家都种植小麦，但事实上小麦产量却主要集中在少数几个国家手上。尽管每年收获的小麦数量都有变化，但总体发展趋势却是非常清晰明确的。从 21 世纪初以来，世界上最大的 15 个小麦生产国的产量占全球总产量的 80%。虽然必须强调欧盟由于 27 个成员国的集体努力在小麦市场占据了主导地位，但中国、印度和俄罗斯仍占据了前三位，三个国家小麦产量共占全球小麦总产量的 42%。美国紧随其后，但它所占的份额已从 2000 年的 10% 滑落到 2021 年的 6%。表 2-2 显示了中国和印度这两个亚洲巨头的崛起，1970 年时这两个国家的小麦产量仅占全球小麦产量的 16%（当时苏联产量占比 30%），而自 21 世纪初以来这两个国家的份额已增至 30% 以上。这是小麦生产国等级体系中的重大变化，但需要指出的是，与 20 世纪 90 年代和苏联解体时期相比，俄罗斯和乌克兰目前的小麦产量有所增加。对中国和印度来说，生产占如此份额的小麦是国内独一无二的要求，因为这两个国家都要养活 14 亿人，即全球人口的三分之一，因此这两个国家在全球小麦收成中所占的份额正好与它们的人口占比吻合。与这两个国家形成对照的是，俄罗斯的小麦产量占世界总产量的 10%，但人口规模却只占世界人口的 2%；欧盟的小麦产量占世界总产量的 18%，但人口规模却仅占世界总人口的 5%。

表 2-2　从 1970—2021 年全世界主要小麦生产国（单位：百万吨）

国家	1970年	1970年该国产量全球占比	1980年	1990年	2000年	2000年该国或集团小麦产量全球占比	2010年	2010年该国或集团小麦产量全球占比	2021年	2021年该国或集团小麦产量全球占比
欧盟	59	19	87	115	130	22	135	21	138	18
中国	29	9	55	98	100	17	115	18	137	18
印度	21	7	32	50	76	13	81	13	109	14
俄罗斯	—	—	—	—	34	6	42	7	75	10
美国	37	12	65	74	60	10	60	9	45	6
澳大利亚	8	3	11	15	22	4	22	3	36	5
法国	13	4	24	33	37	6	38	6	35	4
乌克兰	—	—	—	—	10	2	17	3	33	4

国家	1970年	1970年该国产量全球占比	1980年	1990年	2000年	2000年该国或集团小麦产量全球占比	2010年	2010年该国或集团小麦产量全球占比	2021年	2021年该国或集团小麦产量全球占比
巴基斯坦	7	2	11	14	21	4	23	4	27	3
加拿大	9	3	19	32	27	5	23	4	22	3
阿根廷	5	2	8	10	15	3	10	2	22	3
德国	8	3	11	15	21	4	24	4	21	3
土耳其	10	3	16	20	21	4	20	3	16	2
伊朗	4	1	6	8	8	1	12	2	12	2
哈萨克斯坦	—	0	—	—	9	2	10	2	12	2
埃及	1	0	2	4	6	1	7	1	10	1
以上为2021年小麦产量排名前15的国家	—	—	—	—	467	80	504	79	612	78
苏联	94	30	92	102	—	—	—	—	—	—
总计	310	—	440	590	585	—	640	—	780	—

数据来源：作者依据 USDA 的数据进行论述和计算的。

需求和用途

作为最重要的农产品，小麦面临着严重的发展不平衡问题。

虽然小麦的产量在不断增长，但其产区在全球范围内却非常不均衡。此外在需求增加的同时，小麦的用途也在多样化。

人口激增，城市化和粮食压力

因为还存在着很多未知因素，关于人口问题有着很多争议，但我们必须达成共识的一点是：现在就预测全球人口增长即将中止还为时尚早。正如联合国专家所预测的那样，在 21 世纪最后三分之一的时间里，世界人口数量将维持在 100 亿 ~110 亿水平，但是另外一些预测是世界人口总数在 21 世纪 60 年代达到峰值之后将在 2100 年左右维持在 80 亿 ~90 亿。尽管整个地球都在变老，而全球也在上演着人口老龄化，但我们仍需要清楚指出，在 2000 年时世界人口只有 60 亿。如果说宣布 21 世纪将会是全球人口衰退的世纪，那预言者是没有意识到 80 亿、90 亿、100 亿或 110 亿这些数字都是比 60 亿大很多的数字。因此，我们要厘清一个概念：21 世纪将是全球人口在经历了 20 世纪中叶开始的人口爆炸之后人口增长减速的世纪：1950 年全球人口数量为 25 亿，而 1987 年的人口就达到了 50 亿，换而言之，在不到 40 年的时间里全球人口翻了 2 倍。同样从 1970 年到今天，全球人口数量从 40 亿增长到 80 亿。到 2050 年左右，全球人口将跨过 100 亿的门槛。届时，亚洲人口将占世界人口的一半，非洲人口将占世界人口的四分之一。21 世纪以来非洲大陆的人口动态变化在历史上是前所未有的：该大陆 1950 年的人口仅为 2 亿人，目前是 13 亿人，2050 年预计达到 25 亿人。当前非洲人口的 40% 不满 15 岁，这意味着在 21 世纪，全世界将近一半的新生儿将会在非洲出生。

这些数字不仅仅是统计数据。每个数字后面都代表着活生生的人，而每一个人，无一例外，都有同样的需求——吃饭。从 21 世纪初开始，世界人口数量增加了 20 亿，这也就意味着增加了同样多的潜在消费者。当前全球每小时新增人口大约 1000 人，他们立马就加入嗷嗷待哺的人群。虽然全球极端贫困人口比例已从 1990 年的 36% 降至 2020 年的 10%，但全球中产阶级人数也在不断增加，并在 2010 年左右成为全球占主导地位的社会阶层。全球中产阶级的崛起总体上表现为食品消费量的增加和对产品质量提出了更高的要求，而这个群体主要由亚洲人构成。在亚洲范围内，对小麦产品的需求大幅增长，时至今日亚洲消费的小麦已经超过全球消费量的一半。

从这个角度看，不管人口预测的变数是低还是高，我们不仅需要应对全球粮食需求的变化，更需要有能力为人口大规模增长的地区提供更多的粮食。通过采取适当的措施，减少某些国家的过量消费食物或减少粮食供应过程中的损耗和浪费并非不可能。但面对如此巨大的粮食需求，如果不以务实的态度来看待农业生产所面临的挑战，那将非常不明智。未来的地球城市化将进一步加剧。到 2030 年，每三个人中就有两个人生活在城市。城市化以及生活水平的提高会影响饮食习惯。人们会食用更多的肉类和加工食品，同时也会消耗掉更多的面包（在城市环境中，面包很容易保存和运输，非常适合出行频率高、用餐时间短的人）。城市化进程导致对谷物的需求量增加，一方面用于饲养动物，另一方面也得满足人类自身需求。事实上，全球人类消耗的卡路里有一半来自谷物，主要是来自小麦和大米，尽管这个比例在不同地区和国家有所变化。据联合国粮食及农业组织的数据显示，在全球范围内，小麦一物就单独贡献了人类摄入的 18% 的卡路里和 20% 的蛋白质。在欧洲社会中，这一比例分别占到 25% 和 27%。北非地区甚至创下了纪录，达到了 35% 和 38%。但值得注意的是，尽管全球平均每人每年小麦消耗量为 70 千克，但地区和国家之间的差异还是非常显著的。

正如表 2-3 所示，联合国粮食及农业组织（FAO）和经济合作与发展组织（OCDE）的数据预测显示，虽然全球的小麦消费量在增加，但人均年消费量并没有增长。此外全球变化的趋势也不能掩盖某些特定的地理特征，例如在某些东南亚国家，如越南和印度尼西亚，面条和意大利面越来越受欢迎，更不用说非洲撒哈拉以南地区由于人口增长，小麦消费量也将会发生巨大变化。在这方面，尼日利亚的情况尤其值得特别关注，该国是非洲大陆人口最多的国家，也是一个泥足巨人，因为在 2000—2021 年，该国的小麦年消费量已经从每年 100 万吨上升到每年 600 万吨。据预测，未来欧洲、北美和阿拉伯世界小麦消费水平会与目前的水平相似，但小麦在饮食结构中仍占很大比例。

表 2-3　世界各地区、国家和人口的小麦消费预测

	消费的小麦总量 （单位：百万吨）		人均消费的小麦总量 （单位：千克）	
	2018—2020 年平均值	2030 年预测值	2018—2020 年平均值	2030 年预测值
全世界	525	585	68	68
北美洲	29	30	80	78
南美洲	36	39	56	57
欧洲	80	80	107	107
非洲	65	81	50	48
亚洲	306	342	67	69
大洋洲	3	3	69	70

数据来源：经合组织 ª-粮农组织农业展望 2021—2030 年。

目前，全球有近 40 亿人把小麦当作是基本食物消耗品，因此小麦与全球所面临的粮食安全挑战密不可分。从小麦消费需求和人均消费量来看，亚洲和非洲是目前小麦消费增长最快的地区，未来这种趋势还将持续。有鉴于此，有必要强调亚洲和非洲粮食供应所面临的重大挑战：这不仅涉及需要通过海运从北美洲、欧洲或俄罗斯等主要粮食出口国运送小麦到亚非大陆的这些粮食进口国，还涉及陆地物流顺畅，确保有规律地运送粮食从而供养城市。然而，亚洲和非洲的城市总有向外扩散成为庞大城市群的趋势，这不可避免地增加了农产品供应链和食物流通机制的复杂性。

小麦消费方式的多样性

小麦的多样可塑性使其成为一种拥有多种消费模式的谷物，这既取决于所使用的小麦类型，也和特定地区的烹饪传统有关。小麦主要由人类食用，只有过剩或质量较差的小麦才会被动物食用。今天存在的两种小麦，它们的起源虽相同，但用途却大不相同：

软质小麦（加工方法是提取约80％的面粉，蛋白质含量在13％~14％）是使用范围最广和最常用的小麦品种，也是四种主要小麦消费形式的基础。被称为"法棍"的面包主要在法国消费，但也在一些曾是法属殖民地的国家消费，尤其是越南。英式吐司面包，使用的是在北美广泛种植的"硬质小麦"品种，主要在英国消费，但也在尼日利亚等前英属殖民地消费。煎饼主要是希腊和中东地区居民食用。而最后一种是蒸制的面包，也就是我们俗称的馒头，食用区域主要集中在亚洲，尤其是中国北部地区。我们还可以用软质小麦制作面食，尤其是中国式的面条，这种食物在发展中国家的消费量正呈现爆炸性增长。自古以来，在生产和消费面包的每个地方，都会涌现出与此相关的技术、社会和法规方面的创新。

硬质小麦（谷物颗粒更硬、更透明，蛋白质含量在

14％~16％）主要用于制作直接食用的蒸面，消费地区主要在北非，这种硬质小麦被加工成各种意大利面，消费量也在全球不断增长[5]。值得一提的是，硬质小麦目前仅约占全球小麦产量的4％，约3500万吨，种植面积不到17万平方千米，产地主要集中在北美和地中海盆地。这是一个狭小但却非常敏感的市场，因为硬质小麦生产地过分集中，25％来自欧盟，15％来自加拿大，10％来自土耳其。此外，加拿大承担了全球三分之二的硬小麦出口量，因此这个国家在这个领域起着决定性的作用，并且可以相应地影响硬质小麦的商品流动。正因为如此，当加拿大在2021年遭受干旱时，其硬质小麦产量减少了50％，几个月后全球范围内的面食价格均受到这次通胀的波及。

习俗与传统

小麦就意味着生命：正如牛奶是儿童的主食一样，小麦是成年人的基础食物。小麦粉提供了成人必需的营养。其中含有淀粉和蛋白质，有助于给人体提供能量和增强肌肉力量。因此，小麦是日常饮食中不可或缺的食物。值得一提的是，面包含有很少的脂肪和饱和脂肪酸。因此它在人体营养平衡中占有重要位置。它具有很强的饱腹感：一代代人能够仅仅依靠餐桌上的面包为食就不足为奇了，甚至如果生活条件允许的话，还可以佐以其他食物来配面包。时至今日，简简单单的面包，配以⁶水或酱料，仍是数以亿计人的日常饮食。虽然每天有面包果腹是很多人的头等大事，但是地球上另一些人可能只是将面包视为餐桌上的一种点缀：如果说餐桌上缺少面包将会被视为是一种遗憾，那么餐桌上的面包则在众多生活享乐品中则显得平平无奇。正如前文所提及的一样，直到今天面包短缺仍可能削弱发达国家的实力，使政府当局感到恐慌。当下牢记小麦和面包在日常生活中的珍贵作用在政治生活中尤为重要；只有了解这一点，才能理解一旦面包价格大幅攀升，某些贫穷国家的民众基本生存需求得不到满足，甚至引发社会动荡，特别是在一些国内粮食生产不能自给自足的国家，可以参见埃及、尼日利亚或印度尼西亚这些国家的实例。此外小麦和面包消费量最高的地区是——北非和中东地区，以及小麦消费增长最快的地区——非洲和东南亚地区。上述提及的这些地区在地缘政治上也是最不稳定的地区。自罗马时代开始，国家就对这些主食给予公共补贴，这个措施在平息民众叛乱方面起着决定性的作用。小麦自文明起源以来就一直扮演着重要角色，在世界历史中也占据着中心地位，尤其是在地中海地区的文化中。在阿拉伯语中，"aysh"既指面包也指生命。语言和食物有着相同的悠久历史，某些格言也验证了这种共同性。联合国粮食及农业组织的座右铭是"Fiat Panis"，字面意思不就是"人人有面包"吗？

小麦：日常用语要素

在农学家兼作家让－保罗·科拉尔（Jean-Paul Collaert）的著作《谷物：世界所经历的最伟大的传奇》一书中，作者曾开玩笑提出应该出版一本全集，用以收集世界各地使用的和小麦相关的谚语，这些谚语都赋予了小麦崇高地位。其中一些谚语在当下仍有共鸣：如土耳其谚语，"与魔鬼一起播种麦子的人将收获糠秕"；非洲谚语，"空想不能填满谷仓"；意大利谚语，"如果一个袋子还能装下一粒粮食，那么它就还不算满"；法国谚语，"每一粒良种都会带来小麦"，"没有小麦的民众聚集不到一起"。在季节和月份的表达方式上，小麦也占据着日历上的一席之地："二月雪，麦丰收"，"四月雨，夏丰收"，"五月的水，一年的面包"，"六月晴，五谷丰"，"圣埃莉诺日（12 月 28 日）下雪，收成金"。

小麦在宗教信仰中也很常见，如《新约－马太福音》中著名的寓言故事"麦子和稗子的分别"，用来解释区分善恶的必要性。众所周知，稗子是一种对人体特别有害的野草，可能导致人类产生过激的行为，并且这个词是"醉酒（ivresse）"一词的词根。法语中还有一些社会经济方面的表达方式也和小麦有关：如"avoir du blé"（有麦子）表示有钱，而 "être fauché comme les blés"（像被割倒的麦子一样）表示身无分文。同样，面包在我们的日常用语中也无处不在："案上有面包"（avoir du pain sur la planche）指有工作要处理，"吃自己的白面包"（manger son pain blanc）指暂时处于一种有利状态，还有"这不会吃掉任何面包"（cela ne mange pas de pain）用来指没有任何风险。

小麦这种谷物，因其丰富性而具有多种用途，这些用途随着技术进步还在不断增多。无论是以面包、面食、饼干还是糕点（磨成面粉的小麦，即碾磨小麦）的形式，小麦的首要用途是作为人类的基础食品。这是小麦最为广泛也最为人熟知的用途。目前全球生产的 7.8 亿吨小麦中有 70%（约 5.5 亿吨）直接被人类食用。这个百分比在过往这段时间的演变中一直非常稳定，小麦拥有的显著特点就是尽管麦粒必须经过加工后才可以食用，但它却是直接与人类饮食相关的谷物[7]。小麦中可能含有社会中的某些少数群体不能吸收的成分，比如麸质蛋白[8]，但给人体提供了多种营养成分。

用于动物饲料的小麦在其总产量占比约为 20%，即近 1.5 亿吨，其中 4000 万吨产自欧盟，3000 万吨产自中国，2000 万吨产自俄罗斯。与美国或阿根廷不同，这三个地区或国家不出产用于饲养牲畜的大豆。值得一提的还有，在过去，只有质量较差或过剩的小麦才被用来饲养牲畜（即饲料小麦）。但如今许多牲畜饲养者正在寻找蛋白质含量更丰富的优质小麦用作饲料，蛋白质是动物饲料的必需品，但若以动物饲料补充剂的形式存在，其价格依然昂贵。

自 20 世纪末以来，小麦的一种新的工业用途正在得以发展。尽管在全球范围内，小麦的这种工业用途的份额占比相对较小，大约为 2500 万吨，但在某些国家这个数量却是相当有分量的。具体而言，这种新用途指的是将小麦用于生产生物乙醇，即将小麦用于能源目的，或通过特定的技术方法从小麦粉中提取淀粉。用小麦提取淀粉的工业产业在过去几年中取得了长足进展，并参与到许多食品产品（如糖果）的配料制作中。另外，植物化学为促进能源转型提供了新的机遇，可能成为 21 世纪重要的工业和科研领域之一。小麦还被用于许多其他次要用途，如生产麦芽，这是用于制造白啤酒的重要成分；用来提取小麦胚芽油，因其昂贵成本，小麦胚芽油主要用于高端昂贵化妆品。另外，约有 4000 万吨小麦用来育种，这个数量大概占世界小麦总量的 5%。

虽然小麦生长在特定的地理区域，但随着时间的推移和城市化的发展，小麦的消费已经实现了全球化。这种农作物可以用于制造为保障食品安全的许多关键性的食品，如面包，面包也因此承载了文化和社会的象征意义。但小麦的用途是多种多样的，其中有些用途是相互竞争的。现在我们有必要了解这种谷物贸易的战略意义的重要性，以及它是如何随着世界地缘经济的变化而演变的。

译者注

1 小麦按照不同的硬度分为：硬小麦和软小麦。其中小麦的横断面呈玻璃质状者为硬小麦，呈粉状者为软小麦。

2 安纳托利亚（l'Anatolie）是指土耳其的一部分地区，它位于亚洲和欧洲之间，濒临地中海的东部。它是土耳其的一个地理和历史区域，包括了土耳其的大部分亚洲领土，也被称为亚洲部分的土耳其。

3 依据国际谷物理事会（International Grains Council，简称 IGC）的数据库计算出的数字。

4 经合组织，全称是"经济合作与发展组织"（Organization for Economic Co-operation and Development）。

5 根据国际面食组织（IPO）的数据，2021 年全球加工了 1700 万吨小麦，是 21 世纪初的产量的两倍。主要的生产国是意大利，产量达到 400 万吨，该国每年出口价值约 30 亿欧元的小麦制品。l'Organisation internationale des pâtes (IPO)：国际面食组织。

6 "Compagnon"一词的字面意思是"与之共享面包的人"，源自拉丁文的"cum"（与，和）和"panem"（面包）。

7 相较之下，其他主要谷物的用途各不相同，尤其是玉米，玉米的全球产量中只有 10% 直接用于人类消费，30% 用于工业或能源用途，60% 用作动物饲料。同样，大麦产量的 70% 也用于饲养牲畜。相比之下，大米的全部收成都被用来当作人类的食物，虽然偶尔也有少量的大米会用来饲养动物。根据国际谷物理事会（International Grains Council, IGC）的数据，2021 年世界谷物产量为 22.5 亿吨。其中三分之一用于人类消费，而小麦则直接占人类粮食供应的 75%。

8 小麦中的麸质蛋白会导致某些人出现消化问题。患有这种麸质蛋白不耐受症的人口比例微乎其微：99% 的欧洲人不受这个症状的影响。

Géoéconomie du blé : commerce, logistique et négoce

03

小麦的地缘经济学：
贸易、物流和交易

尽管小麦的种植历史跨越了时间和空间的范畴，但其生产仍然与气候、政治或社会经济等各种不确定因素息息相关。而小麦的生产又集中在少数几个国家，因此与古代一样，只有通过小麦贸易才能满足世界众多国家的国内需求。人口激增、城市粮食安全需求的扩大以及小麦消费地区与生产和出口地区之间的地理距离，以上这些因素使得小麦这种作物的全球农业物流活动在过去几十年中日益加强。在这种背景下，小麦的流动性具有战略意义，我们必须密切关注小麦进口和出口的动态流动，只有这样才能了解每一粒麦种从播种开始就经历的危机四伏的旅程。

小麦商业交易分布图

小麦出口交易活跃，但出口商数量却寥寥无几

截至 2020 年年初，每年约有 2 亿吨小麦进入国际市场交易，大概占全球小麦总产量的四分之一。这个数字是 20 年前的两倍，当年只有占全球产量 15% 的小麦进行国际交易。进入 21 世纪以来，小麦的国际交易量越来越大，占比份额也越来越高。20 世纪 70 年代，小麦国际交易量约为 5000 万吨，也就是说在半个世纪内小麦国际交易量翻了四倍。而横向对比后发现，目前全球每年交易的玉米约为 1.8 亿吨，大豆约为 1.7 亿吨，糖约为 6000 万吨，大米约为 5000 万吨，鱼类约为 4000 万吨。小麦因此仅凭一

己之力超过了其他所有基础农产品的国际交易量。我们甚至还可以从另一个角度来看待这种动态变化。如果将 2000—2020 年全球小麦交易量累加起来，总数接近 30000 亿千克，但仅在过去五年（2016—2021 年）就有 9000 亿千克的小麦进行了交易，这足以说明小麦全球贸易化的加速度是多么地惊人了。

从 2000—2020 年，全球农产品、谷物和小麦贸易经历了大幅增长，交易量增长了一倍，市场交易额增长了两倍。表 3-1 除了凸显了这种结构性的变化趋势之外，还显示了其他的一些重要特点：谷物交易量平均占世界农产品贸易量的三分之一，但只占其总交易额的 10%；而小麦交易额占国际农产品贸易价值的 5%，但交易量仅占全球原材料贸易交易量的 1%。值得一提的还有，在 2020 年，尽管新冠疫情影响了国际贸易，小麦的全球贸易交易额仍达到了 600 亿美元，并且创下了空前的海运量，这再次凸显了小麦的抗风险性和其在不利环境下流通的重要性。小麦这种谷物的贸易对粮食安全至关重要，并且因其流通性的好坏会影响着大众的生活，使得它常常能摆脱各种束缚进行交易。所以必须再次强调的是，因为小麦主要用于人类消费，这就赋予了它所具有的决定性的地位，这其中就包括其国际流动性的不可撼动的地位。

表 3-1　2000—2020 年全球农业交易的演变

年份	农产品		谷物		小麦	
	数量（百万吨）	价值（亿美元）	数量（百万吨）	价值（亿美元）	数量（百万吨）	价值（亿美元）
2000	900	400	280	45	105	20
2005	1 100	620	320	60	115	25
2010	1 900	1 000	385	110	130	45
2015	2 200	1 100	490	135	160	55
2020	1 600	1 200	550	150	200	60

数据来源：资源贸易，世界贸易组织。

目前很少有国家既能生产又能出口小麦。尽管中国和印度是世界上最大的两个小麦生产国，但由于其人口规模，它们一般不出口小麦，而印度有时也会参与小麦全球市场竞争，该国会出售收成好的年份剩余的小麦来套现，那还是因为该国国内缺乏足够有效的储存能力来长期保存小麦。正如我们之前所看到的，全球15 个国家生产了占全球 80% 的小麦，但同时我们还需要站在商业角度来更好地解读这个地缘政治问题。实际上，仅有 8 个国家的小麦出口量就占据了全球小麦出口的 80% 的份额。这 8 个国家是俄罗斯、美国、加拿大、澳大利亚、乌克兰、法国、阿根廷和哈萨克斯坦，这个成员数量精简的小组简直可以与出口石油或天然气的寡头国家相媲美。然而在小麦出口国家中并不存在这样的绝对寡头，在上述提及的这些国家中，除了法国之外，其他的国家在一个世纪前就已经在小麦国际贸易中占据了主导地位：这些年以来，全球小麦贸易中的主导国家并没有经历类似于全球经济或政治权力那样的动荡——在全球政治经济领域一些发达国家被迫出让更多权力，该国原有的商业或战略影响力会被相对削弱。

与21世纪初相比，现在每年进入市场的小麦增加了约1亿吨。这一增长的产量不是来自北美或西欧，而是来自黑海。在过去的20年里，黑海地区在世界小麦市场上卷土重来，为苏联时代粮食出口的空白期画上了句号。从历史的时间轴来看，正如中国重新在全球经济中占据一席之地一样，黑海沿岸国家则重新在全球小麦贸易中找回了它们原有的位置。从19世纪后半叶直到1917年的十月革命爆发之前，沙俄的小麦出口量就占据了全球小麦出口量的一半。为了理解近20年来所发生的这种突变，最好通过产能增加的数据和上述提及的8个小麦出口国的产量来说明问题。图3-1在这方面将会很有说服力，图中显示从2000—2021年，美国一直是全球最大的小麦出口国，出口量达5.74亿吨，超过了加拿大、俄罗斯甚至欧盟。然而从2010—2021年的时间范围来看，俄罗斯的小麦出口量则超过了美国。如果我们将时间焦点缩小到刚过去的五年（2016—2021年），可以看到这种变化就更加显著，俄罗斯的小麦出口量约为1.8亿吨，而美国则为1.3亿吨。自2016年以来，俄罗斯重新成为全球最大的小麦出口国，平均每年占据小麦全球贸易20%左右的份额（相当于2000年美国在全球小麦交易中占据的份额）。

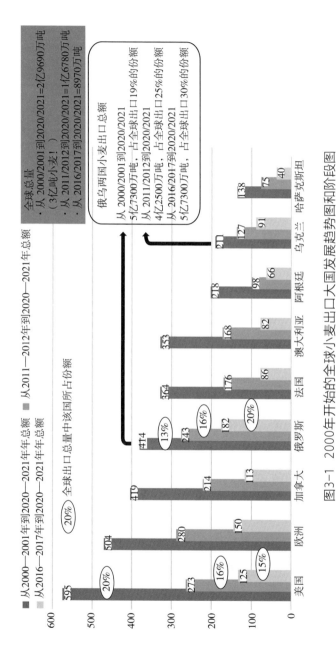

图3-1 2000年开始的全球小麦出口大国发展趋势图和阶段图

数据来源：作者根据国际谷物理事协会提供的数据做的加工和计算。

而乌克兰在全球小麦市场也在强势增长，自2016年以来乌克兰出口了9000万吨小麦，已经超过了法国和澳大利亚的出口量。但从2000—2021年的数据来看，法国和澳大利亚这两个国家相较于黑海周边地区国家仍是占有优势的，与乌克兰相比，这两个国家各自多出口了1.4亿吨的小麦。因此乌克兰在全球小麦市场上取得了惊人的突破，目前乌克兰占全球小麦出口量的10%。俄罗斯和乌克兰在2016—2021年向全球市场提供了2.7亿吨的小麦，而在1996—2001年他们却只提供了1500万吨，数值整整相差18倍！

小麦进口商日渐增多，但区域定位日益清晰

国际市场上有三个主要的小麦生产和出口中心：北美洲、欧洲和黑海，近年来这三个地区小麦出口量占世界平均出口量的75%。这些地区的国家正在争夺小麦出口的市场份额，如果气候条件允许，南半球的阿根廷和澳大利亚也会加入争夺中。这些国家加入这场争夺战的原因可能有两个：一方面，需要进口小麦的国家数量在不断增加，这有利可图，值得一试；另一方面，面对因粮食安全和小麦短缺问题带来的社会不稳定性的风险，小麦出口大国也承担起了一定的责任。因此，对于小麦出口国来说，它们的出口动机既有地缘经济特征，也被赋予了地缘政治特征。

世界上哪个国家是主要的小麦进口国？多年来，埃及一直高居榜首，目前该国小麦每月的平均进口量为100万吨。在这个

目前人口过亿，且面包消费量非常高的国家，每天小麦需求高达3000万千克。自2000年初以来，该国的进口量已从每年平均600万~700万吨增加到最近的1300万吨。在过去20年间，埃及从遥远的小麦出口地区进口了约2亿吨的小麦。全球第二大小麦进口国是印度尼西亚，自2015年以来该国和埃及是全球仅有的两个小麦年进口量超过1000万吨的国家。印尼的饮食结构正在逐渐西化。其他经常位列全球前十大小麦进口国的国家也经常变化，但通常包括：阿尔及利亚、中国、土耳其、孟加拉国、日本、尼日利亚、菲律宾、巴西和摩洛哥。这些国家的小麦进口量每年在500万~800万吨。其他每年需要进口300万~500万吨小麦的国家有：沙特阿拉伯、越南、阿富汗、伊朗、伊拉克、韩国、巴基斯坦、泰国和也门。

在全球小麦进口国家的版图上还出现了一些亚区块地区。自2015年以来，四个亚区块地区每年接纳了全球三分之二的小麦进口量，这四个地区是：北非地区、中东地区、非洲撒哈拉以南地区和东南亚地区。这四个地区小麦进口量各占全球小麦进口量的15%。其中最显著的变化之一来自东南亚：印尼、越南、菲律宾和泰国，这几个国家21世纪初只进口800万吨小麦，如今每年共进口约2500万吨小麦，这其中进口量最大的是用于发展畜牧业的饲料用小麦。但值得注意的是，亚洲的中国、韩国和日本本来就是主要的小麦进口国，而东南亚区域翻了三倍的小麦进口量则为更广阔的亚洲市场注入了活力。至于北非及中东地区（ANMO）[1]，它们与出口小麦的黑海地区更像是一种镜像关系。实际上，该地区在小麦供应链上是全球最依赖进口的地区，该区域小麦进口量占全球进口量的三分之一。自 21 世纪初以来，北非和中东地区国家累计进口了 9 亿吨小麦，在这个高度敏感的地区，人均小麦消费量却是全球最高的，而这其中超过一半的小麦是进口的。至于撒哈拉以南的非洲地区，小麦进口量从 21 世纪初的 900 万吨增长到现在的 2700 万吨，和前面提及的东南亚地区一样，同样是三倍增长。该地区尽管人均小麦消费量仍相对较低，平均为每人每年 20~30 千克，但个体消费量呈上升趋势，而且由于人口增长迅猛，非洲撒哈拉以南地区国家需要的小麦数量大幅增加，尤其是在地理环境既不适宜也不可能种植小麦的西非地区。21 世纪初以来，该地区小麦和稻米的购买量齐头并进，稻米的消费量在近年来也在大幅增长。小麦进口量在 2000—2022 年几乎增加了四倍，而尼日利亚作为非洲大陆的消费火车头一马当先，每年小麦进口量达 600 万吨。

我们不应低估粮食过度依赖所带来的地缘战略影响。这种过度依赖暴露了一个国家的弱点，使该国面临危险。正如那些缺乏碳氢化合物燃料的国家需要进口燃料能源一样，粮食依赖进口的国家也得日复一日、年复一年地在市场上寻找购买大量小麦的时机，这就暴露了该国一个巨大的战略弱点。而对于少数几个小麦生产国兼出口国来说，形势可能正好与此相反。在此种背景下，我们就很容易理解为什么有关小麦贸易的这些问题通常会处理得非常审慎。毕竟这事关外交和社会政治的稳定性。因此，有必要适时引用法国地理学家让 - 保罗·沙尔维（Jean-Paul Charvet）的话，他是研究小麦地缘政治意义的先驱之一，他在 20 世纪末就曾写道：

> "考虑到小麦在全球食品系统中的核心地位，能够定期出口大量小麦似乎能够彰显一个国家的实力和影响力。然而，一个国家能否在全球小麦市场上占有一席之地，不仅仅取决于农艺、经济和物流方面的因素，还取决于一个国家真正的政治意愿。"

为了更好地阐述他的观点，我们试着站在与小麦出口国相反的位置，即从小麦结构性进口国的角度来看，可以得出以下结论：鉴于世界范围内小麦生产、价格和交易的变化趋势令人担忧，一个国家过度依赖小麦进口是其政府持续焦虑的根源，同时也是威胁该国社会政治稳定的风险因素。然而，强大的粮食安全除了依赖国内的农业和经济政策之外，还取决于真正有效的贸易机制。

小麦存储的重要性

自古代开始，粮食储存就一直是执政者最为关注的问题之一，同时也容易滋生各种互相矛盾的谣言。从古至今这种局面并未发生改变，在谷物和小麦储存方面更是如此。那么，我们为什么要通报这些极具战略意义的物资储备状态呢？对于执政当局来说，这是一桩国家大事。当一个政府向民众宣布食物储备短缺或已然耗尽，会使执政当局面临民众的批评。而当一个政府向全世界宣布该国缺少珍贵如小麦的粮食储备时，这无疑会引起别国的猜忌，同时也暴露了该国的一个巨大的脆弱环节。因此，对于国家来说，不宜过多地公开小麦库存的数据，更不用做详细的说明。

在小麦年度国际交易开始之初和结束之后了解小麦全球的库存情况，这对于加强对小麦全球市场状态预测的分析非常重要，因此全球小麦的库存问题是小麦交易价格形成的决定性因素之一。话虽如此，关于小麦库存的统计数据仍不完善，我们需要始终持批判性的态度来看待这些数据。从技术层面来看，对全球小麦的库存水平的评估更像是预测全球资产负债表中的一个可调整的变量，而不是一个确定的数值。这一点对于小麦进口国和出口国均适用。以欧盟为例，经常可以看到欧盟在小麦年度交易结束后 1~2 个月内仍在调整其小麦库存量。除了某些小麦出口大国（不管是农业国还是非农业国）的库存状况缺乏透明度之外，如何更好地掌握小麦进口国的库存情况也是一项挑战，因为这些国家往往分享的信息太少，而且并不总是拥有进行此类评估所需的必要工具（不仅需要在数量方面进行评估，还需要在质量方面进行评估，以便能够了解小麦库存的用途）。此外在世界各国都存在着许多数量未知的私人小麦库存。国际粮食市场在经历了2007—2008 年的粮食危机以后，在 2022 年俄乌冲突以及新冠疫情引发的农业紧张局势，这更凸显掌握小麦库存量在国际协调和多边国际合作中的重要性。

那么 2021/2022 年度的小麦库存官方数据对目前的全球小麦库存状况是怎么预估的呢？根据美国农业部（USDA）[2] 的数据，全球小麦库存估计为 2.9 亿吨，而根据国际谷物理事会（CIC）的数据，全球小麦库存估计为 2.8 亿吨。这大约占全球小麦年消费量的 35%。自 21 世纪初以来，这个预估值一直在这一比例附近浮动，这意味着全球有 4 个月的小麦消费库存。然而，这一数据需要做出一些澄清，因为其中一半的小麦库存在中国，中国正不遗余力地发展基础设施来储备小麦，并动用财力来维持所储存的粮食质量。可以说，近 5 年来全球小麦处在一种反常的状态：一方面，从账面上看全球小麦库存在改善；另一方面，这种改善完全依赖于中国在该方面的政策发展。与此相反的是，主要出口国的小麦库存在不断减少：美国约为 1500 万 ~2000 万吨，欧盟、俄罗斯约为 1000 万 ~1500 万吨，加拿大和澳大利亚分别约为 500 万吨。印度的小麦库存会依据其不稳定的收成而波动，在过去几年中该国小麦库存范围在 1000 万 ~2500 万吨浮动。值得注意的是，全球两个最大的小麦进口国埃及和印度尼西亚，它们的小麦库存分别为 400 万吨和 200 万吨，相当于这些国家约 3 个月的小麦消费量。

拉近供需关系

世界上只有不到 20 个国家每年生产的小麦既能养活本国人口，还有余量用于出口。而这其中的 8 个国家的小麦出口产量占世界小麦总出口量的 80%，所以对于那些消费小麦而又不能自给自足必须大量购买小麦的国家来说，他们需要密切关注这些小麦出口国的小麦收成状况及其出口政策。小麦的这种交易流动绝不简单，甚至和小麦的生产一样都具有战略意义。全球粮食安全在很大程度上取决于小麦在陆地和海上的流动性。

农业物流和海上物流面临的挑战

然而一切似乎都要从一个看似平平无奇的特点开始，时至今日这仍然是小麦从田间到餐桌的首要决定性因素：绝大多数小麦每年只能收割一次，但它却是全球范围内日常的消费品。这就是小麦生产与工业生产的巨大不同之处。

汽车厂或智能手机工厂，在需要和时机成熟且拥有足够的原材料和零部件的前提下，通过增加人力和机器可以提高生产速度。这样的投资将导致市场产品供应的增加。而小麦每年只能收割一次，即使某些国家开发了双季小麦，但其产量在全球小麦年产总量中仍然占据较小的比重。而且每块麦田都必须依靠前期投入、有利的天气条件以及专业人员全年对作物的生长进行技术跟踪才能保证良好的收成。一个高效的小麦产业必须保持长期稳定，并尽可能控制遇到的风险因素。尽管收割小麦仅集中在几天内就能完成，但在随后的几个月内需要确保持续且均衡地分销小麦。社会每天每时每刻都需要消耗以小麦为原材料加工的食物，因此不能在短短几周内就消耗掉一次小麦收成。小麦产业与工业产业相比，另一个主要区别体现在生产结构和消费领域的高度分散性。如何调整基础设施从而优化一个地区的农业价值，同时确保小麦短缺地区的粮食供应，这是小麦产业这个巨大的等式中的关键问题。如果说小麦的短途运输就已经略显棘手，那么跨国或全球运输小麦就将成为一个艰巨的挑战。

我们如果想要了解小麦在全球复杂多样的交易路线，就必须先提及小麦的实用性。尽管潮湿的环境和害虫这两个天敌会损害小麦的质量和卫生安全性，但小麦能轻易通过轮船、火车或卡车运输，而且不会破损。

小麦质量的重要性

从小麦国际交易的角度来看，小麦的质量问题具有举足轻重的重要性。并且无论是出口商还是进口商都得共同面对这个问题。对于小麦种植者来说，面临的挑战是如何最大限度地提高单位面积的土地生产率，生产出可以在国内或出口市场上销售的产品，从而在国内市场或出口市场获得更好的增值收益。对于小麦的购买方来说，目标当然是以最好的价格找到满足其需求的商品。例如收获的小麦的质量一旦不适合出口（这通常与小麦收获时的天气条件密切相关，因此是不可预测的），买卖双方签署的商业承诺就将很难兑现。由买方制定的小麦交易的质量规格和标准在国际小麦贸易中变得越来越具有战略意义。而对于卖家来说，能够有效地满足这些规范要求意味着要持续不断发展自己的物流和技术工具。例如当小麦在储存时必须保持其完整性，从而方便长期加工或食用。

从 19 世纪开始，铁路和大型船舶就成了贸易全球化和开垦新土地的推动力。小麦贸易的全球化也被这两个动力推动，顺理成章地成为经济全球化及全球化所刺激的货物运输中最具代表性的产品之一。小麦通过公路、铁路（未来铁路甚至可能卷土重来，收复失地）以及水路（河流和海洋）在全球范围内不停地流动。国际贸易主要通过海运进行，所以对于农产品和小麦来说，它们也主要依赖海运来进行运输。65%~80% 的世界贸易是通过海运实现的，海洋是名副其实的"世界贸易之肺"。谷物的海上贸易主要是通过按需租用的散货船舶用一次或多次航行来完成的。因为小麦运输存在着货物数量不确定，出发地和目的地也都不确定的这些特性，所以这种按需运输（即 tramping 方式）[3] 非常适应这些特点。这种按需运输的系统既提供各种各样的船舶，同时还提供多样的运输合同类型。用于运输小麦的散装货轮为 1 万 ~8 万吨级的船只，分为三大类：1 万 ~3.5 万吨级的灵便型船只（handysize）；3.5 万 ~5 万吨级的灵便超大型船只（handymax）以及 5 万 ~8 万吨级的巴拿马型船只（panamax）。散货船舶租赁市场竞争激烈（这些船舶资源不仅在谷物运营商之间竞争激烈，这些船只还可以运载矿石、化肥等其他物资），导致物流链在不断变化中。近年来，海运运费价格的剧烈波动加剧了全球农产品和谷物贸易方面的紧张局势，农产品和谷物的价格、供应还是高效流动都因此受到了影响。

此外，航运的畅通性也影响着谷物海上运输的安排组织。而海峡和运河这些远洋运输的战略节点，船舶在运输小麦时都必须尽可能降低风险地通过。不利的气候因素可能导致船速减慢、需要避免和海盗相遇、需要远离交战国的海岸，或船舶遇上海上交通瓶颈而受阻，凡此种种的因素都可能阻碍粮食贸易的流畅性并增加运输成本[4]。而这种海上运输已经具有可估的价值：一艘运载 6 万吨小麦的散装货轮，运载的小麦将以每吨 250 欧元的价格售出，那么这艘船的货舱内就装有价值 1500 万欧元的货物。小麦出口商想要在出口方面保持竞争力，还需尽量降低海运的成本，站在进口商的角度也只有这样才能降低买家在食品账单上承受的负担。2007 年和 2008 年，海上货运成本与能源和基础农产品的价格同时大幅上涨。这种三重通胀使许多国家苦不堪言，而正是由于海上运输成本和石油价格的上涨，粮食危机才愈发严重。同样，在 2020 年和 2021 年，新冠疫情的影响之一是严重干扰了价值链和国际贸易流动，结果同样导致海上运输成本大幅上涨。农产品的价格也随之上涨，与此同时，还有其他一些因素也加入进来搅局。货币之间的汇率变动也是影响小麦交易的一个因素，市场分析师和交易商的工作变得越来越复杂。此外，通过海上贸易进行小麦交易还有一个要求：需要对货物装运（出口港）和卸载（进口港）的港口终端提供最大限度的安全保障。因此，警察、海关和情报部门人员得经常待在港口现场，以确保港口的运作没有重大隐患。此外，小麦运营商还希望港口与码头工人保持尽可能良好的社会关系以防出现意外。但最后供需关系通常还是不平衡，因为海运时间和原材料的运营周期很少会相互契合。

小麦交易变数多种多样，这就使得交易双方需要跟踪、监测或应对的问题也不计其数，因此也就产生了特定的战略。例如保险，这对于离岸货物是必不可少的，货物保险价格有时会决定投标者对商业招标的回应态度。发源于英国的劳埃德公司收集了自19世纪以来的船队相关数据，成为全球最主要的航运保险和再保险公司，来自世界各地的贸易经纪人通过该公司的业务为客户规避风险，并与承保人进行商业谈判。买家和最终的消费者都希望小麦能够尽快抵达目的地，而且在运输过程中小麦的品质也不会受到损坏。与船舶一样，基础设施对于物流也至关重要，需要进行大量而频繁的投资。港口需要具备储藏能力和高质量的运输手段，因为通过卡车或驳船运送而来的谷物，需要将其迅速装载到停靠的船舶上，而这个装载速度也是运费谈判的要素之一。内陆地区[5]与出海口同样重要，因此有了"港口接口（interfaces portuaires）"这一表述，以说明陆地和海洋之间密切的商品贸易关系。一个国家降低粮食损耗，提高粮食安全的能力取决于该国国内的道路系统、粮食收购中心和加工中心的现代化水平的程度。因此，国家必须扮演中央调控的角色，从而改善基础设施以适应所有这些现状。事实上，小麦可能成为国家发展的动力。例如，17世纪法国修建了南运河，19世纪修建了勃艮第运河，修建这些工程的部分原因都是为了促进小麦贸易的便利化。

协同链还是竞争链

无论是海路运输还是陆路运输，物流和运输的组织对于小麦的顺利流通都至关重要。小麦产地必须与其消费区域相连接。要做到这一点，贸易更是举足轻重，需要众多运营商参与其中。我们将在稍后分析大经营商在此过程中所起的作用，当下我们应该先强调物流链，正是因为它的存在才将小麦从田间地头送到消费者的餐桌上。种植小麦的农民与每天购买由他们种植出的小麦加工而成的面包并以此为食的消费者并没有直接联系。然而这种联系又相对存在，一系列中间商将小麦转化为用途广泛的消费产品，使这种联系成为可能。因此，有必要关注所有和小麦流通的相关人员的工作，正是他们收割、运输、装载和运送小麦：这个物流链条中的每个环节都很重要。这个链条中最轻微的纰漏都可能造成重大后果。小麦产业意味着全球数以百万计的工作岗位，其国内和国际流通以及将其转化为消费品都需要广泛的专业人士的协同合作。

一旦麦子收割完毕，农民会将麦子售出并交给第一个收购和储藏小麦的机构，这个机构可以是合作社、资本密集型私营贸易公司或国有机构。在农业发达的国家，麦子可以散装交付，而在生产结构更为分散的地区，麦子会以麻袋装运。然而，现在小麦出口国越来越不给小麦进行打包，而打包工作现在往往会在小麦进口国进行，这主要是为了降低成本。交付的小麦必须在经过买卖双方共同"认证"的天平上进行称重和分析，以确保双方遵守交易的数量和质量条款，从而为贸易和生产创造有利条件。随后，买方将利用公路、铁路以及河流等交通基础设施将小麦运送到集散仓，集散仓再对收购的小麦进行整合和分类，然后再分销给初级加工企业：面粉厂、动物饲料制造商、粗面粉生产商等。买家会在小麦产品到达时自己进行质检，以确保原材料符合其需求，当然也可以委托实验室进行分析。国际小麦贸易还需要合适的物流来优化运营和降低成本，同时进出口港口的基础设施要能胜任这项工作，比如港口具备足够的吃水度以容纳载货的船只，同时需要配备装卸货物的设施（如起重机、吸污机、吸泥机、抽吸机、传送机等），还有最大限度地提高转运效率的仓储设施以及确保装卸质量的检验员。这一点对进出口港都同样适用，因为这些港口的基础设施的运转效率取决于它们与国内交通网络连接的质量。总之，不计其数的细微行动完成了这场"盛大"的合作，从整体上看，这些细微动作每天都在塑造着一个小麦世界，而这个世界比人们通常所感知的要大得多。在这个世界中，信息至关重要。无论是公共机构还是私营企业，他们都拥有和小麦生长、流通或分配相关的情报网络。各方的竞争非常激烈，因为从生产到消费，再到运输的各个环节，这些相关信息的可靠性会影响整个小麦的产业链。然而全球谷物市场，作为地球经济和社会活动的核心，既受到各方利益关系的影响，也受到各方竞争关系的影响。虚假信息是谷物交易版图中不可或缺的一块，尤其是当某个参与者想要蓄意伤害竞争对手或敌人时。从社交网络到网络威胁，从拉帮结派到贪污腐败，一些运营商为达目的可以穷尽其手段。

总之，小麦是一种表现活跃的原材料，流动性极强，但其流动是否顺畅取决于日益复杂的物流环境。气候变化、人口数量、农业政策和科学研究，这些都是了解小麦世界的重要变量。而物流无疑是这其中的另一个要素，尤其是在全球贸易预计将继续增长以及粮食安全依存于海洋化运输趋势的背景下，物流在小麦贸易中扮演的角色将继续被放大。一个国家的物流绩效指数因此成为一个重要的数据，这个指数中值得特别关注的核心问题是，该国基础设施的质量和该国的行政和海关系统的契合度。最后近十几年以来，在关于如何缓解全球粮食不安全问题的辩论中，减少粮食损耗和粮食浪费问题一直是各国热议并积极进行干预的一个议题。粮食损耗和浪费问题的确是个值得关注的问题：据联合国粮农组织（FAO）估计，在从田间地头到餐饮店被消费掉之间，全球谷物在运输和加工过程中有近10%的数量被损耗掉，而不是被消费掉。在此说个和法语"浪费（gaspillage）"有关的趣闻：浪费这个词在词源上与小麦相关，无论是在古老的语言中还是在古老的地方方言中，这个单词都与"小麦"有关，用来表示"小麦秕糠"[6] "谷物量",或一些和小麦相关的行为,如 "散落麦秆,即在清理收割后的农作物时,将废弃的麦秆散落在地上。"

小麦国际贸易的演变

自古以来,小麦贸易就是由粮商间进行的,他们负责组织小麦的流通并决定小麦的价格。从古至今,这个局面从根本上没有实质的改变。然而,随着贸易的全球化,不断涌现出新的参与者,他们掌握了农产品和食品贸易这一战略性要务的大权。近些年来,随着世界重心向亚洲转移,正在发生一些动态变化,出现了新的竞争形式。

粮商,居于高位的历史参与者

在全球,一方面存在着有结构性缺粮或者粮食储备经常出现赤字的地区;另一方面也存在着经常或始终有粮食盈余的地区,而国际贸易则为平衡这两个地区之间的农业和粮食市场扮演着重要角色。在这种规模宏大的跨国或洲际贸易的物流方程中,只有极少数公司有能力,在或长或短的时限内,进行涉及巨额资金的交易。谷物贸易由少数几家大型跨国贸易公司控制。阿彻－丹尼尔斯－米德兰公司(Archer Daniels Midland,ADM)、邦吉公司(Bunge)、嘉吉公司(Cargill)或路易－德莱福斯公司(Louis-Dreyfus),尽管很少有人听过这些公司的名字,但这些公司的缩写 "ABCD" 偶尔还是会引起媒体的关注，而且在冷战高峰时期，曾有一本杰作试图揭开这些公司的内部运作模式。尽管这些公司并不被大众所熟知，但它们却是农业全球化的主要参与者，这些公司在各大洲开展业务，拥有大量人力、物流和资本资源。2021年，"ABCD"这四家公司的总收入约为3300亿美元，净利润为100亿美元。

这些大型公司通常都有悠久的历史。并且这些大型粮食农产品公司的历史通常与为其命名的大家族的命运息息相关。历史上出现了两次这些家族企业创立的浪潮，分别是在18世纪和19世纪。第一波浪潮主要与当时的犹太大家族有着密切的关系，比如东欧的德雷福斯家族。在当时德雷福斯家族原本是活跃在银行业的，也是在粮食主要产区，尤其是阿尔及利亚定居的。第二波创办浪潮则是由美国的贵格会教徒在开发西部时期发起的，他们通过建造仓库，并沿铁路线进行粮食收购来致富。这个时期的粮食农产品公司的发展与正好顺应了19世纪下半叶全球小麦贸易的蓬勃发展潮流。嘉吉公司就是在这个时期起步的。从那时起，嘉吉公司一直顺应农业全球化的动态变化。如今，它是美国最大的非上市公司（自福布斯发布美国最大私营企业的排名以来，嘉吉公司已经34次名列第一），该公司在全球70多个国家拥有大约15.5万名员工，自2010年以来，每年年收入始终超过1000亿美元。随着农产品价格的飙升，该公司在2022年宣布收入将达到创纪录的1650亿美元。

这些公司通常是家族产业，虽然规模庞大并且所处的行业也至关重要，但这些公司常常避免与外界交流，崇尚低调一直是粮食贸易从业公司不可回避的准则，这常常引起外部观察者对这些公司所开展的业务活动的怀疑和不信任。实际上是多种因素造成了这种局面。这些公司在交易中经手的巨额资金以及从这些重要原材料贸易中所获得的利润促使它们更倾向于保持低调而非炫耀，适度而非过度。嘉吉公司总部位于明尼苏达州的明尼阿波利斯市，而 ADM 公司的总部位于伊利诺伊州的迪凯特市，这些公司的总部都没有设在纽约曼哈顿区。他们之所以想远离媒体的视线，一方面是因为它们在国际事务所具有的重要地位；另一方面是因为它们与国家政策的决策者关系密切。它们的代表经常受邀参加高级别峰会，并在全球贸易治理或国家外交政策战略等领域受邀提供咨询意见。例如，在 2003 年美国对伊拉克采取军事行动以后，美国人出面主导了战后伊拉克农业的重建工作，该工程就由嘉吉公司的前高管丹·阿姆斯特兹（Dan Amstutz）负责协调运作，这在当时就引起了公众的强烈批评。鉴于以上提及的这些原因，这些公司更愿意远离媒体的聚光灯。公司的对外宣传政策经常被削弱到最小化，大多时候只有在被提问时才出面回答问题，且不会公布公司有关活动信息，其唯一的目的就是不让人们了解公司正在干什么。尽管这些公司的业务植根于全球化的经济中，但它们的存在并不需要过多的宣传。这些公司只需要专注于它们业务的战略维度就足够了。而也正是因为这一点会导致被外界强烈批评，因为它们正是从人们生活中必不可少的商品交易中获取利润的。

以上这些公司在全球范围内粮食交易所处的寡头垄断地位

理所当然地会引发争议，并且毋庸置疑，在当下农产品价格飙升的时代，这些公司的收入也会增加，但是我们还是要厘清一些问题。事实上，这些公司对全球粮食安全至关重要，因为正是它们负责将粮食从粮食产地运往粮食消费中心。我们在前文中已经分析了小麦贸易的难度，在整个物流链中这种交易都需要专业技能和资本。而目前这些大型粮食公司已逐步实现了多元化，尤其是建立了自己的投资基金，并且活跃于整个农产品供应链（包括农产品收购、储存、陆运、海运和港口运输等环节），同时往往也为农产品初级加工业提供服务。这些大型粮食公司之所以收购相关业务，是因为只有这样它们才能尽可能有效地控制价值创造的早期阶段，同时也能最好地管理原材料的价格波动性。在地理层面上，这些大型粮食公司需要在最佳时机、最佳地点进行交易，或者说离粮食进口国的客户最近的地方进行交易。这些公司都需要大量资金来控制市场营销的关键步骤，同时也才能使这些公司能够应对由交易规模以及价格波动带来的相关重大财务风险。

有两种极端的说法，一种是说这些大型粮食公司正在让世界挨饿；另一种说法则是只有这些大型粮食公司才能确保全球粮食安全，而在这两者之间我们应该寻找一个折中的立场。因为现实情况要复杂很多，虽然这些公司在全球粮食交易中扮演了重要角色，但这种作用并不具有排他性。这些公司的能力超强，是因为它们从事的行业是支柱性的且永不过时的食品和原材料贸易，它们实现了的长途贸易对于全球粮食供需平衡起了决定性的作用，但是这些大型贸易公司也必须满足外界对它们提出的日益增长的社会和环保责任的要求。此外，还不断涌现出"新演员"登上这个舞台，对这些新的参与者来说，私人资本和公权力之间的界限是非常模糊，可以相互渗透的。最近在俄罗斯出现了类似的情况，该国的 Demetra 谷物交易公司迅速崛起，而这家公司是一家由 VTB 银行（Vneshtorgbank，俄罗斯对外贸易银行）[7] 控股的公司。政府的公权力仍然是全球粮食事务的核心力量。尽管由于纷繁复杂的原因，这种公权力存在的强度因国别不同存在差异，但如果武断地说私营公司独自管理并决定粮食贸易的一切，那又未免夸大其词。事实上，这些私营粮食运营商并未经手全球所有的粮食合同，也并未经手在全球市场上能购买的小麦总量。虽然大公司越来越多地试图控制小麦交易线上的各个环节——从上游的生产环节到下游的分销环节，但在世界一些地区，针对小麦交易问题上，国家服务机构和相关公信力部门的行动仍然是起决定作用的。类似的例子，只要看看埃及通用商品供应总局（GASC）[8]所代表的意义就足以证明这一点。埃及是全球最大的小麦进口国，而埃及通用商品供应总局则是全球最大的公共商品采购商，它成立于 1968 年，隶属于埃及商业和工业部，是埃及小麦交易市场的战略枢纽。因此该局的副主席在这个国家中具有举足轻重的地位就不足为奇了，毕竟在这个国家中面包代表着统治者和被统治者之间的具象联系。此外，在中东地区，政治和外交也积极地在粮食的地缘经济谈判桌上发挥着作用。俄罗斯也存在着类似的情况，在全球其他的一些国家安全与粮食安全息息相关的国家，比如说中国，情况都基本相同。

非洲与中东的粮食外交和竞争

利比亚在卡扎菲执政期间，他将小麦和面粉作为对撒哈拉以南地区国家施加影响的武器。利比亚自己进口相当数量的商品会被重新分配到非洲其他国家，这既是为了与当地部落建立联盟，又是为了确保撒哈拉以南地区国家的稳定性。阿尔及利亚与尼日尔和马里两国制定的外交策略中也不乏这种"粮食外交"，阿尔及利亚本身也很关注非洲邻国的安全，尤其自2011年卡扎菲政权垮台以后就更为关注这一点，但是在流向北非和中东地区的小麦背后是否还存在着类似的地缘政治动机呢？无论是欧洲出于对地中海南部地区稳定的担忧而向该地区提供的小麦，还是俄罗斯在叙利亚战争中利用小麦支持什叶派和阿萨德总统的策略，或是在也门内战中进行远程参战的两个大国——沙特阿拉伯和伊朗，以非正当手段向也门提供的大量小麦，这些都体现出地缘政治利益是对经济利益的有利的补充，有时甚至凌驾于经济利益之上。

在此，观察中东地区围绕着粮食贸易和储存而形成的竞争局面是非常有趣的事。为了维护自身的国内粮食安全，同时也为了提高他们在该地区的影响力以及缔结地区战略联盟的想法，卡塔尔、沙特阿拉伯、阿曼和阿拉伯联合酋长国（EAU⁹），这几个国家在港口投资、物流和金融等领域展开了竞争。而卡塔尔在这些方面也在努力武装自己和邻国，以应对由利雅得集团和其他海湾合作委员会（CCG）¹⁰成员国从2017—2021年对其实施的经济制裁。另一个例子是阿联酋，在粮食投资领域，阿联酋毫不掩饰自己的野心，该国每年从俄罗斯、加拿大和澳大利亚等地进口约150万吨小麦，正襟危坐地监管着粮食贸易的一举一动。作为仅次于沙特阿拉伯的阿拉伯世界第二大经济体，阿联酋拥有充足的资源为本国人民和众多游客提供食物。此外阿联酋还把宝押在农业或食品的创新上，这其实也是为了谋求提升该国的国际影响力。阿联酋的主权基金因此成为粮食行业的主要参与者。该国有能力在农业物流领域大展身手，一方面是该国拥有公认的卓越港口管理能力（迪拜港是全球第三大港口运营商），此外该国还有其独特的战略手段，例如2020年，阿布扎比的ADQ基金收购了前文中提及的路易·德莱福斯公司（Louis Dreyfus Company：LDC）45%的股份，后者是全球主要的农产品和谷物贸易公司之一。该国到底是仅仅出于保障国内粮食安全的考虑而采取这些举措，还是象征着该国有更宽广的地缘战略意图呢？近期的相关事件是：2022 年，隶属于沙特公共投资基金的沙特农业和畜牧投资公司（SALIC[11]），收购了隶属于新加坡企业奥兰公司（Olam Group）旗下的农业和食品部门奥兰农业 35% 的股权，而奥兰公司也是国际粮食贸易巨头之一。

结构的重组和亚洲的崛起

　　国际粮食贸易领域经常经历各种巨头公司重组期。在谈论小麦的地缘政治时，必须考虑到这些大型粮食公司所扮演角色的重要性。这些大型粮食公司已经统治粮食贸易超过一个世纪了，这也彰显出西方世界在这个领域余威犹存的实力。然而，现在这些巨人也面临着世界地缘经济的变迁以及新兴的迅猛发展的实力相当的参与者的竞争，尤其是亚洲的参与者的崛起。

　　在世纪之交，国际粮食贸易格局就发生了深刻的变化。始建于 1877 年瑞士尼永（Nyon）的粮食公司安德烈（André），在 20 世纪的全球粮食贸易中曾起到重要作用，但却在世纪之交这个时刻消失了。与此同时，在 1999 年曾经挑战 ABCD 四巨头地位的美国大陆粮产（Continental Grain）公司被嘉吉公司收购。这一时期在一定程度上巩固了那些选择整合转化业务的大型公司的企业战略。自 2010 年初以来，市场的紧张局势和谷物价格的大幅波动使得这些公司表现出加强控制供应链的强烈愿望。2010 年，嘉吉公司收购了澳大利亚小麦委员会（Australian Wheat Board），该委员会在 1999 年之前一直是澳大利亚集中管理小麦出口销售的公共机构。总部位于荷兰的矿业巨头嘉能可（Glencore）逐渐增强其在粮食谷物市场的存在感，现已成为 ABCD 真正的竞争对手。2012 年嘉能可公司收购了加拿大农业合作社威特发公司（Viterra），以加强其在北美粮食市场的地位。从那时起至今，这家更名为威特发 – 嘉能可农业公司（Viterra–Glencore Agriculture）已经成为全球谷物市场的大型运营商，在亚太地区（中国、澳大利亚、新西兰）和黑海地区（俄罗斯、乌克兰）都拥有重要的业务据点。2022 年初，威特发 – 嘉能可农业公司宣布收购了在美国经营谷物业务的加维永（Gavilon）公司，该公司原属于日本的丸红株式会社。而丸红株式会社已经在亚洲农业物流领域深耕多年，且站稳了脚跟，并在 2013 年大举进军美国市场，当时这个行为被视为是东方贸易力量在全世界开疆拓土的一个标志。

尽管这些大型贸易公司的大多数都是或曾经是欧洲（安德烈，邦吉，路易·德莱福斯公司，嘉能可）或美国（嘉吉，ADM，大陆粮产）的公司，但在亚洲一些胃口巨大的大型公司也开始崭露头角。印度 – 新加坡奥兰公司（Olam）开始在尼日利亚从事腰果、棉花、可可和乳木果贸易。自从 1993 年在新加坡证交所上市以后，以及新加坡淡马锡（Temasek）主权基金增持股份以来，奥兰公司发展迅猛，它积极开展小麦贸易，购买了全球各地的港口筒仓，并投资西非（加纳、尼日利亚、塞内加尔）的面粉加工业，以确保进口小麦的初级加工，从而能更深度地整合价值链。然而在 2017 年奥兰公司业务发生了一个特定的转向，该公司在与非洲排名第一的面粉加工家族企业 Seaboard 集团竞争失利之后，部分放弃了谷物交易业务，而专注于小众农产品市场或称利基市场[12] 以及巴西大豆对亚洲的出口业务。

更引人注目的是中国中粮集团（China National Cereals, Oils and Foodstuffs Corporation，简称 COFCO）的崛起。这家国有企业成立于 1949 年，它在农业食品行业的重要地位已经使其成为国有企业的巨头，更何况中粮集团还跨界涉足房地产、能源和旅游业。在 21 世纪第二个十年，为了保障中国的粮食供应安全，该公司决定通过投资多元化来加快发展速度。2014 年，中粮集团收购了荷兰粮商尼德拉（Nidera）集团 51% 的股份，后者在南美洲贸易占有重要地位。同年，中粮集团与香港自治区的贸易公司 Noble 达成协议，以掌管该公司的农业部门。中国的目标就是将中粮集团与从 2013 年开始实施的"一带一路"的倡议紧密联系起来，并使该公司成为全球粮食贸易和食品生产的领军者之一。在这样的背景下，于 2014 年成立了中粮国际公司，总部设在瑞士日内瓦（上文中曾经提及的新加坡淡马锡基金也是中粮国际的投资者之一）。此外，作为中国 2016—2020 年第十三个五年计划的一部分，中国政府增持了对中粮国际公司的持股比例，目前持股比例已经达到 80%。中粮国际公司主要在拉丁美洲布局，尤其是在巴西，负责将巴西的部分大豆和玉米销往中国。同时中粮国际公司还将拓展其在非洲和中东的业务。到 2021 年，中粮国际公司在全球雇用了 12000

名员工（其中 60% 在拉丁美洲），实现了 330 亿美元的营业额（相当于中粮集团总收入的三分之一），并确保了全球范围内超 1.3 亿吨的农产品货物流动。该公司遵循关于中国经济和价值链脱碳化的指示，并大力宣传能源转型和保护全球气候所采取的行动。

在当下的现代粮食贸易格局中，中粮国际公司在过去的几年中已成为真正的游戏规则改变者。但是我们还是需要提到 ABCD-CGO［阿彻丹尼尔斯米德兰公司、邦吉公司、嘉吉公司、（路易）德莱福斯公司、中粮国际公司、（维特拉）嘉能可公司和奥兰公司］这 7 家公司，它们的谷物和油籽贸易量约占世界贸易量的 50%，农产品和粮食商品交易量占总量的 20%。该行业中还有其他的一些很重要的参与者。比如说丰益国际公司，该公司于 1991 年成立于新加坡，在亚洲地区尤其是在棕榈油贸易方面表现非常活跃，但很少涉足谷物交易领域。黑海地区的粮食交易也在重新洗牌，近年来，随着小麦产量和出口量的增长，乌克兰的两家贸易公司 Kernel 和 Nibulon 发展势头强劲。而在俄罗斯，政府希望拥有由国家部分控股的公司来经营粮食贸易。如果说 RIF 公司和 Solaris 公司曾经是粮食行业的标杆，那么近年来该行业权力更多地掌握在 VTB 银行以及它旗下专注于谷物贸易的子公司 Demetra 手上。

因此，许多动态变化进一步支持了这样一个假设：前文提及的 ABCD 大型公司以及其他欧洲或北美的位居二线的粮食公司所拥有的影响力正在被削弱。亚洲、俄罗斯和乌克兰先后出现的粮食贸易公司打破了长期稳定的格局，引发了农业贸易的快速变革，这与 21

世纪初以来国际地缘政治和地缘经济平衡的变化趋势相吻合。因此，"ABCD"这几家粮食巨头正在寻求将他们的业务多元化，比如嘉吉公司投资于动物和水产蛋白，邦吉公司投资于实验室肉类，ADM公司投资于高营养价值的食品。而这几家巨头有时也试图在他们之间进行重组以达到创新，例如在数字化和区块链的使用上，他们在2021年为巴西的谷物创建了责任和费用的共享平台 Covantis，后来嘉能可和中粮国际也加入了该平台。除此之外，资产管理基金的涌入也让粮食贸易的格局变得更加复杂。例如，贝莱德（BlackRock）资产管理基金就在其庞大的投资组合中将赌注押在绿色金融和农业及农业食品生产上。此外，一些养老金基金，尤其是北美的养老金基金，正在尝试垂直整合投资，以期从收割到分销各个环节控制某些特定产品的价值链。最后，还得提及主权基金的入局，像新加坡的淡马锡基金和海湾国家的君主基金等主权基金的介入，为农业和食品安全这个利润丰厚的领域带来了其他战略变数和新的竞争。

小麦是世界上交易量最大的谷物，全球交易的体量还越来越大。在这个背景下，不管是陆路运输还是海上运输，物流都变得至关重要，尤其是海上运输，因为大部分的谷物交易都是通过海路转运的。经济参与者和粮食国际贸易商之间呈现出一种竞争关系，而世界地缘政治力量对比的变化又加剧了这种竞争。因此，我们需要更仔细地关注这些全球平衡，即粮食出口大国之间的平衡，这些出口大国是粮食进口地区名副其实的粮仓，而粮食进口地区则日益依赖这些外部粮仓提供的粮食。

译者注

1 ANMO: l'Afrique du Nord et au Moyen Orient, 法语首字母缩写单词: 北非及中东地区。

2 USDA, United States Department of Agriculture, 美国农业部。USDA 的法语全称是 Département de l'Agriculture des États-Unis。

3 Tramping 是英语单词,是一种按需货运的航运模式。在这种模式下,船舶不受固定航线或时间表的限制,而是根据需求来提供货物运输服务。与定期航线(liner service)相比,tramping 船只根据市场需求选择货物和目的地,可以逐渐充填船舱。这种灵活性使 tramping 航运模式能够适应不稳定或不确定的货物供应和需求情况。

4 通常是通过一些主要的日常指数将海运运价的信息传递给大多数人的,这些指数成为船东和承租人之间经由海事经纪人进行谈判的基础。波罗的海干散货指数(BDI)是最受关注的指数之一。

5 hinterland 是德语单词,本意是腹地。在文中指的是与港口相连的内陆地区。这个内陆地区是供应粮食到港口的起点,它包括运输、收集和储存粮食的中心,以及与港口之间的运输和物流网络。这个内陆地区的现代化和高效性对于确保粮食能够快速、安全地到达港口,并进一步出口至其他国家是至关重要的。

6 小麦秕糠被捆扎成圆形的包裹,通常用于运输和储存。原文用的是 balle de blé。

7 VTB 银行,VTB 是 "Vneshtorgbank" 的缩写,中文译为 "对外贸易银行"。

8 GASC 全称是 General Authority For Supply Commodities,埃及商品供应总局。

9 EAU.: Émirats arabes unis,阿拉伯联合酋长国。

10 CCG 全称为 Conseil de coopération du Golfe,对应英文的 "Gulf Cooperation Council",

11 SALIC 全称为 Saudi Agricultural and Livestock Investment Company,沙特农业和畜牧投资公司。

12 利基市场指的是那些针对特定市场或消费者群体的农产品,即 "小众农产品"。这些产品通常有特殊的品质、独特的生产方式或者是有特别的地理标志。例如,有机食品、独特品种的蔬菜和水果、罕见的草药或者是特色农产品等。这些产品通常对环境影响小,能够满足特定消费者群体对健康、环保或者是特殊口味的需求。

Grenier du monde : Hégémonie et concurrences

04

世界粮仓：霸权主义和竞争

近年来，全球小麦的消费量在持续走高。而小麦这种农产品的产量在全球范围内分布极不均衡。此外这个产量还得结合不同产地背景来看：虽然中国和印度的小麦产量最大，但这两个国家并不是每年都有可供出口的小麦盈余。能够生产足量的小麦在满足本国人口的需求的前提下，还能有余粮投放到国际市场上的国家数量是非常稀少的。在这些小麦出口国中，我们尤其需要关注北美洲的美国和加拿大，欧洲以及黑海周边的俄罗斯和乌克兰的动态。我们需要从宏观和长期的角度去观察和理解这些国家的农业地缘政治轨迹。因为事实上这些国家不仅是小麦出口国，也是竞争国，有时甚至还是敌对国。

北美洲：全球化的小麦

2021 年加拿大和美国共同贡献了全球小麦产量的 9%。这个数字已经在过去半个世纪中持续下降：从 1970—2000 年，两国小麦在全球产量平均占比为 15%，而从 2000—2015 年，这个比例已经降低到 12%。但是两国的小麦收成数量巨大，使得这两个国家每年都能成为小麦的出口大国，占全球小麦贸易量的近25%，出口量达到 5000 万吨。尽管这个占比较过去有所下降，但数量仍然巨大。自 21 世纪初以来，仅美国和加拿大两国就已经出口了超过 10 亿吨的小麦，实力比肩另外两个小麦世界粮仓——欧盟地区和黑海地区（表 4-1）。

表 4-1　全球三大小麦粮仓从 2000—2001 年到 2021—2022 年的
出口总量

北美（美国 + 加拿大）	10.14 亿吨
黑海地区（俄罗斯 + 乌克兰）	6.25 亿吨
欧盟	5.04 亿吨

数据来源：作者基于美国农业部（USDA[1]）的数据做的计算。

尽管自 19 世纪 70 年代以来，来自北美原产地的小麦在国际市场上一直占有重要地位，但是近年来有逐年下降的趋势。以下将逐个分析美国和加拿大制定的粮食政策。

美国：超过一个世纪的统治

自 1848 年成立以来，芝加哥交易所（CBOT）一直是全球主要的农产品原材料交易所之一。虽然不能单纯用农业问题来解释美国力量的崛起，但美国，尤其是第二次世界大战之后，在向全球供应粮食方面的确发挥了越来越大的作用。美国农业长期以来在国民经济中都起着决定作用。这是美国自 1776 年独立以来积极主动谋求的政策的结果，并且从 20 世纪 30 年代起，美国迅速发展了将农业作为战略手段实施的政策。从那时起，没有一届美国政府质疑过这种"绿色力量"。每届政府都再三强调它们支持农民，全球粮食问题是如此的重要，华盛顿当局必当密切关注。政府对这种地缘战略的关注显然掺杂着机会主义行为的特点，毕竟农产品出口对平衡美国贸易赤字和维持社会稳定都大有裨益。从小布

什政府到拜登政府，中间还历经奥巴马政府和特朗普政府，自 21
世纪初以来，历届美国政府在农业问题上都具有这样的不变性。

美国从 19 世纪下半叶开始，小麦在地理上向其领土的西部
迁移。从 1870—1880 年是农作物种植扩张的十年。当时由于拓
荒者开发了中部，如密苏里、爱荷华、伊利诺伊和明尼苏达等州
的肥沃土地，小麦耕种面积从 800 万公顷增加到了 1400 万公顷。
随着产量的提高，小麦种植继续向西迁移，逐渐成为达科他州、
内布拉斯加州和堪萨斯州的主要农作物。这些新开发的土地成为
美国的小麦粮仓，即环绕五大湖的著名的"小麦带"。这种区域
定位与这些州的自然资源（水和土壤）、气候以及这些地区的移
民定居有关，因为在 19 世纪末和 20 世纪初，许多欧洲移民来到
美国，在这里投身农业工作，开始了新的生活。小麦种植业迅速
完善并逐渐实现机械化。随后铁路的迅猛发展和开发密西西比河
的工程也扩大了小麦的地理分布版图并为小麦的长途贸易提供了
便利。紧随其后的跨洋航线的发展进一步加强了这一趋势。在第
一次世界大战爆发前夕，美国已经成为全球最大的小麦生产国，
尽管在那个时代缺失中国的小麦产量统计数据。美国在当时出口
了约 300 万吨小麦，仅次于俄罗斯，位居世界第二，而俄罗斯在
当时的市场上占据主导地位，每年出口 400 万 ~500 万吨小麦。
1918 年后，当饱受战争蹂躏的欧洲最终放弃其在世界事务中的领
导地位时，美国的实力则更加凸显。但"旧大陆"当时消耗全球
三分之二的小麦，因此它需要美国生产的小麦，美国生产的小麦

其中很大一部分销往欧洲国家，而这些国家当时也是小麦的主要进口国。在 20 世纪 20 年代，小麦出口对美国贸易总出口收入的平均贡献值达到了 15%。然而，1929 年的经济危机和 20 世纪 30 年代初的"尘暴灾难"（Dust Bowl：这场尘暴灾难主要影响了美国的大平原地区和加拿大的一部分地区）使大量美国农民陷入极度困境。罗斯福政府在 1933 年通过了第一部农业规划法，也就是时至今日仍被人熟知的"农业法案"（Farm Bill）。在这部法案和"罗斯福新政"（New Deal）² 措施的推动下，农业成为美国政府干预最频繁的产业之一。通过支持生产和鼓励投资，政府表明了其对农业未来的信心并承诺长期投入。这种国家的认可和长期的投入，无论过去还是现在，都是农业活动所必需的重要信心保证。

自从 20 世纪 30 年代以来，农业一直是美国的一个实力要素。美国政府的目标明确且被各任政府贯彻：美国要构建一个既能满足国内需求同时又有助于全球需求的生产供给体系。谷物，尤其是小麦，是美国立足国内，放眼全球的雄心勃勃的农业政策取得成效的核心。谷物成为正在形成中的农业食品产业复合体的战略产品，在这个过程中诸如 1865 年创立的嘉吉公司等全球化的贸易公司起到了推手作用。此外谷物还是美国经济外交的战略产品，在整个冷战期间美国利用粮食来结盟并向许多国家提供食物援助。这些受援国将逐渐习惯美国小麦的特点，特别是著名的"硬红冬小麦"（hard red winter）³，这使得在"美苏争霸"两极化国际格局结束之后美国和这些受援国的贸易关系仍得以持续。正如前文所述，美苏争霸的冷战时期对于美国农业实力的形成是至关重要的。从 1960—1980 年，全球三分之一以上的出口小麦来自美国，这也是美国政府通过不同手段推广美国模式，并将粮食作为国家外交手段的一种工具的方式。早在 1979 年，探索谷物地缘政治的先驱记者丹·摩根就如此写道：

"谷物是支撑美利坚帝国大厦的支柱之一……当我们深入研究谷物的时候，世界突然收缩变小了。本来美国的麦田与其他国家对面包的需求相隔成千上万公里的距离，在我们地球村的新维度面前逐渐消失了。"

尽管从 20 世纪 30 年代以来，国际社会一直有各种倡议试图在全球小麦市场上建立多边管理机制以期稳定市场，但收效甚微。但很明显的是，美国成为全球的小麦调节粮仓。而在 20 世纪的 60 年代和 70 年代，美国小麦的生产力取得了真正的进步，其中，冬小麦的产量每年平均增长 1.5%，春小麦的产量每年平均增长 2.7%。随着 1972 年苏联对外开放了它的粮食市场，同时一些发展中国家的粮食需求激增，美国的小麦生产力再次提速。尽管向东方国家出售粮食肯定是有利可图的商业行为，但这在美国国内还是引起了争议。华盛顿政府尤其批评了私营公司的售粮行为，并且加强了对粮食的监控。在这十年间，粮食产量大幅增加，以至于卡特政府从 1977 年起实施了一项旨在农场储存小麦的计划。与此同时，形成鲜明对比的现象是：苏联的粮食短缺对该国产生了政治、经济和战略上的影响。到 1980 年，因为苏联军队入侵阿富汗，美国甚至对向苏联出口的小麦实施了临时禁运。

目前，美国在全球小麦贸易市场独占鳌头的局面得来并非偶然，它的主导地位是长期建设的结果，尤其是在20世纪下半叶得到了大幅发展，时至今日美国仍希望保持其在该领域的领先地位。这种美国模式体现在精确而严格的制度和经济框架上。上文提及的《农业法案》迄今为止在美国仍是最重要的联邦政策之一。美国还在农业领域精心建设高效的研究机构，不断创新使美国农业始终处于技术革命的前沿。福特基金会和洛克菲勒基金会是这一领域的无法回避的主要参与者。我们应该认识到，美国的农业食品生产实力加强了美国的政治实力。凭借其无法否认的地理优势，美国担起了农业巨头的头衔。它不仅在美苏争霸中将农业优势当作与苏联竞争的武器，而且也与盟友在全球方兴未艾的农业市场上进行角逐。在20世纪70年代和80年代，当美国与加拿大、墨西哥，尤其是欧共体成员国进行贸易谈判时，农业一直是谈判中的最主要的绊脚石之一。

在冷战结束后，20世纪90年代美国在全球的统治地位进一步加强，但农业和小麦仍然是美国经济和政治中不可或缺的重要因素，然而在这段时期美国对于种植的农作物的品种做出了一些调整。大豆和玉米成为美国农作物组合中的两大作物，但它们多用在动物饲料和工业用途上。小麦种植面积因此急剧下降：20世纪80年代初为3600万公顷，21世纪初为2400万公顷，目前仅为1500万公顷。相比之下，大豆种植面积为3500万公顷，玉米种植面积为 3300 万公顷。

美国的玉米种植面积之所以大量增加主要是得益于生物燃料（这里指乙醇）技术的发展。玉米产量中有超过 40% 被用来转化为乙醇。另一作物，大豆则对美国农民非常有吸引力，因为大豆售价回报率更高，并且全球市场需求量越来越大，尤其得益于亚洲对饲养牲畜的饲料的需求。另外，值得注意的是，美国农业研究近年来更多地集中在研究玉米和大豆上，之所以会有这样的选择也和小麦的基因组的确更复杂有关。总之，自 21 世纪初以来，美国主要关注的农作物是大豆和玉米，但也从未放弃小麦这个作物，只不过与过去相比，小麦的重要性在美国农业版图中的比重有所下降。

20 世纪 90 年代，美国小麦年产量仍超过 6000 万吨，其中的 3000 万 ~3500 万吨销往国际市场。在 2000 年左右，小麦产量则在 5500 万 ~6000 万吨波动，出口量相应在 2500 万 ~3500 万吨波动。然而在 21 世纪第二个十年，美国的小麦产量呈明显下降趋势。在这些年中美国只有一年小麦产量超过 6000 万吨。而到了 2021 年，美国的小麦产量只有 4500 万吨，跌至四十年来的最低水平。该国在全球小麦产量中的份额占比从 2000 年至 2015 年平均的 10%~12% 跌至 2021 年以来的 6%。美国的小麦单产（3.2吨 / 公顷）目前几乎只有欧盟和中国的一半。美国 2021 年的出口量为 2100 万吨，为 21 世纪以来的最低水平。2016 年，俄罗斯将美国从其占据长达一个世纪的小麦王国的君主宝座上赶了下来，一跃成为新霸主。在过去三十年间，美国作为小麦出口大国的实力被大幅削弱。在 20 世纪 90 年代,美国贡献了全球小麦贸易的三分之一的份额。而在 2000—2015 年,这一份额下降至 20%~25%。并且自那之后美国出口的小麦份额仅占全球贸易额的 10%~15%。值得注意的是,自 2018 年以来,墨西哥已成为美国小麦的最大客户,进口量为 300 万 ~400 万吨,占美国出口额的 15%~20%(图 4-1)。此外菲律宾在美国的主要买家排行榜上位次越来越靠前,与日本、尼日利亚、韩国和中国台湾并驾齐驱。埃及曾经是华盛顿最为青睐的小麦老主顾,但自从 2013 年后埃及就不再位列购买美国小麦的前十大买家了。

(单位:百万吨)

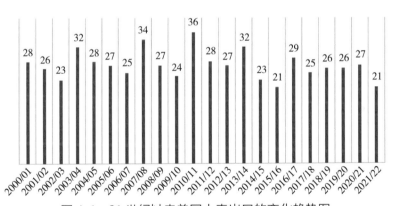

图 4-1 21 世纪以来美国小麦出口的变化趋势图

数据来源:USDA。

美国在农业方面仍拥有不容小觑的实力,正如它通过贸易、外交、科技和文化等方面展现的国际实力一样。然而在过去二十年间美国农业的重心发生了重大变化。在国内方面,大豆和玉米组合代替小麦成为主要的农作物，数字解决方案的兴起使得加利福尼亚成为高科技农业和能源转型的样板地区。在国际舞台上也正是如此，美国的领导地位正在被削弱，其权力也正在被质疑。而小麦的发展变迁就像这个曾经的世界霸主的缩影：一直有存在感，但是影响力大不如前。

加拿大，硬质小麦是王牌但又不囿于此……

近些年来，加拿大小麦产量在全球小麦生产国中的排名一般在第 7 到第 10 位徘徊。加拿大的小麦种植面积为 1000 万公顷，出产占世界收成 3%~4% 的小麦。该国小麦种植面积的四分之一用于种植硬质小麦，加拿大在硬质小麦的生产和出口方面居世界领先地位，在这一极具战略意义的领域分别占 15% 和 65% 的份额。硬质小麦是用来制作意大利面和粗麦粉的原材料，这两种食物因其价格低廉，易于烹饪，而深受消费者喜爱。所以这个美洲大陆最北端国家的特殊情况是：摩洛哥用来制作"库斯库斯"（Couscous）[4] 以及意大利用来制作通心粉的粗麦粉中有很大一部分是以加拿大硬质小麦为原料的。基于这些特定的和粮食相关的原因，加拿大与摩洛哥王国以及意大利半岛之间的商业关系非常密切。加拿大在这一狭小的硬质小麦市场生产体量巨大，这也使得该国在整个市场上扮演着关键角色：即使该国最轻微的硬质小麦歉收都会在全球范围内引发连锁反应，以 2021 年的情况为例，当年加拿大硬质小麦收成减少了 50%，全球农产品贸易路线上的加拿大原产地的产品也随之减少。与之关联的工业界和消费者都顿时感受到了账单倍增的压力。因此，我们需要牢记的是：加拿大的硬质小麦收成可以被视为是该市场的"全球晴雨表"。同时我们还需要注意的是，硬质小麦通常直接被人类食用，而全球三分之二的硬质小麦消费者生活在地中海盆地周围。尽管许多地中海沿岸国家也在大量生产这种谷物，但该地区的粮食供应仍高度依赖世界市场，硬质小麦也不例外。因此，一旦谈及硬质小麦这个话题，把加拿大说成是地中海强国也是毫不夸张的。此外，美国和墨西哥也是硬质小麦的出口国，这三个国家的确构成了硬质小麦市场的强大的北美势力。因此，当欧洲南部和北非马格里布地区[5]的硬质小麦减产时，食品行业的从业者就只能寄希望于北美市场的丰收了。需要提及的是，在法国、意大利和西班牙，法律明令禁止在意面制作中使用软面粉，以免食物过于黏稠，破坏产品口感。我们是否还应该认为，与软质小麦不同，硬质小麦没有期货市场，这意味着该行业的经营者无法对收成的年际波动进行套期保值？基于以上提及的这些因素，南欧的许多农民已经放弃种植硬质小麦，转而种植更有利可图的玉米（如法国）或稻米（如意大利）。目前意大利半岛上的硬质小麦种植面积是自1945年以来最低的。

当然上述提及的加拿大的硬质小麦的重要性并不能掩盖该国软质小麦的光芒。这些年以来，加拿大平均每年收获500万~700万吨硬质小麦，但软质小麦的收获量则达到了2500万吨！而这其中的 60%~70% 销往国际市场，正是这巨大的软质小麦产量使加拿大跻身世界主要的粮食出口国之一，虽然加拿大也有实际存在的国内小麦消费市场，但是该国人口却从未超过 3500 万。尽管自 20 世纪末以来，加拿大的一些农作物如油菜籽的种植面积和产量都有了明显增长，但小麦仍然是加拿大农业景观中的价值不菲的作物。该国在全球小麦出口国排行榜中稳居前五。自 21 世纪初以来，加拿大已向全球出口了 4.2 亿吨小麦，与俄罗斯出口量相当，是阿根廷出口量的两倍。通过销售未经加工的原材料以及加工过的粮食制品，小麦产业每年为加拿大经济贡献约 100 亿美元的出口收入（图 4-2）。

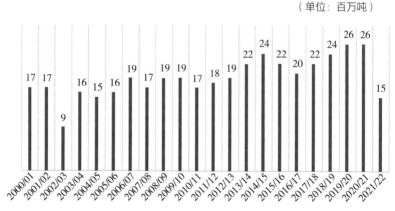

（单位：百万吨）

图 4-2　21 世纪以来加拿大世界小麦出口量的变化图
数据来源：美国农业局。

加拿大农场的规模在一定程度上解释了为什么加拿大能够与

全球主要小麦贸易商进行交易的原因。加拿大小麦农场采用大面积种植和资本密集型土地管理模式，小麦产地主要集中在萨斯喀彻温省、艾伯塔省和马尼托巴省，这些省份位于加拿大中西部，是世界上最大的小麦生产盆地之一。但这就产生了一个相互矛盾的地理问题：该地区土地适宜耕作，水源充足，但是冬天苦寒，土地广袤，收获的农产品必须经过长途跋涉才能到达消费中心，而港口终端则位于加拿大东南部的五大湖地区，以及太平洋和大西洋沿岸地区。萨斯喀彻温的小麦种植平原距温哥华港口1500多公里，而要到达大西洋海岸的港口，加拿大的小麦通常需要经过超3000公里的旅程。无论是过去还是现在，铁路运输始终是运送这些货物主要的方式。从19世纪末开始，加拿大铁路沿线的车站都配备了大型粮仓（加拿大称为电梯：elevator）[6]，甚至在当时的一些还没有开始种植小麦的地区都配备了粮仓。通过建设这种具有信号意义的基础设施，加拿大当局邀请当时的移民（其中许多来自欧洲）来这些地区定居并种植小麦，因为小麦可以带来快速而可靠的收入。第一次世界大战结束后，加拿大太平洋铁路公司[7]仍在为国内小麦贸易提供便利运输。但加拿大物流链的效率并不单纯依靠从业人员的专门技能或现代运输工具。事实上，自然环境仍然是影响该国农业实力表现的可怕敌人。庄稼收成可能很好，关键是收获的庄稼必须穿越国土安然无恙地及时到达目的地，在此期间不会受寒冷和降雪的影响，也不会受技术上的损害。

在分析加拿大小麦的脆弱性的时候还需要考虑一个变量：加

拿大的小麦质量可能会下降。尽管一直以来产于加拿大的小麦在全球市场运营商和进口商眼中被认为是最好的。这得归功于加拿大其实很早就开始利用政策和经济手段，使其小麦成为国家发展的王牌拳头产品。成立于1935年的加拿大小麦局（CWB）[8]在长达76年的时间里一直是负责该国小麦和大麦出口销售的公共机构，该机构几十年来一直根据生产者的交货情况以及价格和质量制定统一的出口价格。它曾一度是世界上最大的小麦销售机构，无论是在市场管理时长上还是在处理小麦的吨位上，该机构都曾独占市场垄断地位——在这个市场上，加拿大小麦局一个买方面对的却是众多供货商。在和75000个国内粮农交易之后，加拿大小麦局再与70多个国家进行贸易，这些国家都从加拿大进口小麦。加拿大粮食局每年平均的销售额在40亿至60亿美元。20世纪80~90年代，加拿大和美国进行北美自由贸易协定（NAFTA）[9]的谈判时，该机构也成为渥太华和华盛顿之间商业争端的焦点。加拿大小麦局权力巨大，在加拿大农业发展中扮演着不可或缺的角色。2012年，由斯蒂芬－哈珀（Stephen Harper）领导的加拿大政府决定结束这种一家独大的局面，实现小麦贸易自由化，但这在当时却引发了一场激烈的政治和立法论战。最终，虽然加拿大粮食局并未完全消失，但对其进行的深度改革则大大缩减了其职权范围，它不再是该国粮农的唯一交易平台，也不再是世界小麦交易市场的霸主，但这种变化不论是在加拿大本土还是在国外，都是有人惊喜有人愁。该机构的解体似乎的确造成了一些连带损害，特别是对于加拿大小麦行业的物流组织有影响。该机构解体之后出现的混乱对小麦交易的商业层面和小麦质量把控层面都有损害，因为筛选不过关和配送不及时会导致小麦的技术品质下降，而过去在此方面，加拿大粮食局在小麦产业链的每个阶段都提供了高效的物流服务。而加拿大小麦的盛誉不仅仅只取决于该国田间收获的小麦的质量，收割之后对小麦的清理和维护水平也是构成该国小麦竞争力的结构性要素。值得注意的是，自 2015 年起随着加拿大谷物行业的自由化，前加拿大粮食局的大部分股权由 G3 加拿大有限公司（G3 Canada Limited）持有，该公司是由邦吉公司（Bunge）和沙特主权财富基金 SALIC 合资成立的。加拿大西部的粮农已加入该集团并成为联合股东。与此同时，加拿大贸易商理查德森公司（Richardson）也在强势崛起，现已成为北美最大的农业和农业食品公司之一。该公司不仅在油料领域处于领先地位，而且在谷物和硬质小麦领域存在感也越来越强。

小麦在欧洲：从自给自足到地位一言难尽

欧盟，作为一个拥有 27 个成员国的组织，如今也是一支重要的农业和粮食生产力量。欧盟人口达 4.5 亿，是仅次于中国的世界第二大小麦消费国。欧盟不仅仅是一个单一的市场，它还是全球排名榜首的小麦生产国，尽管中国会经常和欧盟的地位不相上下，尤其是当"旧大陆"小麦收成较差的时候。欧盟现在还是全球第二大小麦出口国，仅次于俄罗斯，并超越了美国。但这些地缘经济优势都基于一个政治计划：即结盟。如果将欧盟成员国单个拆分之后观察，小麦数据可能就没有那么乐观了。但是，欧盟是否意识到自己在农业方面的实力，并且是否希望在 21 世纪继续维持这种实力？小麦产业是否会成为减少欧洲农业碳排放的新生态叙事的一部分？面对不断上升的全球危机和某些国家对欧洲民主国家的恶意揣测，欧盟是否会越来越意识到小麦所具备的战略特点？

一个由农业塑造的欧洲一体化建设过程

第二次世界大战结束后，元气大伤的欧洲需要大量进口小麦（约 500 万吨）来养活欧洲人口。在 20 世纪 50 年代初，在西欧农产品严重短缺的情况下，法国提议成立欧洲农业和食品共同体。虽然这个提议最终并未实现，但农业很快成为欧洲建设的重要杠杆。欧洲是一块谷物福地。法国、德国和波兰是这块福地的主导力量。即便是大米，欧盟国家（主要是意大利和西班牙）也贡献了三分之二的全球生产量。然而，小麦仍然是欧洲的名列前茅的王牌优势，欧盟内种植的谷物中有 45% 是小麦。事实上，欧洲是一个巨大的粮仓，拥有优良的土壤和适宜的气候条件，这使其成为一个特别适合种植小麦的土地，最终形成了一个广阔的种植小麦的三角地带，连接了伦敦、巴黎盆地和柏林，并在东部由多瑙河流域地区加以补充。欧盟的优势还在于为农业提供了法律和资本框架，使农民能够以更长远的眼光进行发展。这种管理模式是欧盟"共同农业政策"（PAC）[10] 和欧洲大陆谷物生产取得成功的推动力。因此，我们需要深入研究这段历史，才能探讨欧盟未来在全球谷物领域的雄心壮志。

为实现小麦自给自足而团结起来

1957年签署《罗马条约》成立欧洲经济共同体（CEE）[11] 时，当时的六个创始国中，三分之一的就业人口仍然从事的是农业产业，农业产值平均占国内生产总值的20%。1960年，欧洲经济共同体（CEE）生产了约2300万吨小麦。而1962年实施的"欧洲共同农业政策"（PAC）旨在发展生产力，确保农村人口公平的生活水平，稳定市场，为消费者提供可靠的供应和价格合理的食品。欧洲大陆的粮食安全是该政策的战略目标，这些目标是以单一市场为前提的条件下制定的，在单一市场内，欧洲经济共同体的优惠政策辅之以共同关税是该机制的基石。欧洲经济共同体的共同农业政策所追求的其实并不简单：要将欧洲经济共同体创始人的大胆想法用于农业领域就必须采取坚实可行的措施。例如，"欧洲共同农业政策"决定通过建设公共仓储、提高关税以及在必要时对出口进行补贴以便稳定谷物最低价格，从而达到调节谷物市场的目的。同时，该政策还动员农业研究机构推广优良的农业实践经验，并推动农业这一战略性领域的科学知识的发展。在该政策的指导下，农场被重新整合，机械化得以推广，农民逐渐使用合成肥料和高效种子。当时的欧洲经济共同体用一个共同体的有活力的市场前景鼓励农民积极参与建设，它通过向农民保证长期的最低的有获利的价格，鼓励农民进行投资、参加培训、组织和发展生产。

受益于这些政策，欧洲农业得到了极大的发展：农作物产量与生产力同步增长。1980 年，欧洲经济共同体六个成员国的小麦产量几乎翻了一番，当时约为 5000 万吨，平均单产为 4.4 吨 / 公顷，远优于美国当时的水平。这一飞跃式发展主要依赖于小麦产量的显著提高，小麦产量在二十年间几乎翻了一倍。由于欧洲经济共同体内部小麦的高价格导致了动物饲料中会使用一些进口的粮食来代替谷物，比如从泰国进口的木薯或从美国糖厂进口的玉米渣，总之会限制在动物饲料中使用自产的小麦。因此，自 20 世纪 70 年代末以来，欧共体成为小麦的净出口国，对比前些年的数据，这是一项非常了不起的成就。然而到了 20 世纪 80 年代，这个系统开始面临其自身的问题：因为谷物生产者加快步伐，继续向欧共体公共库存供货，到 90 年代末，这些库存最终达到了近 2500 万吨。这就是当时众所周知并在媒体上被大肆宣传的欧洲经济共同体内部的"肉山""奶粉山"和"黄油山"问题。这也导致对欧洲经济共同体的共同农业政策的批评愈演愈烈。这些批评不止来自欧洲经济共同体内部，尤其是英国，他们指责农业预算成本过高；同时也有来自欧洲经济共同体外部的批评，指责欧洲经济共同体对农业出口进行补贴是不公平的，破坏了全球市场的稳定。

转变期迎接新千年

1992 年，在时任欧洲经济共同体农业专员雷·麦克·沙利

（Ray Mac Sharry）的推动下，欧洲经济共同体农业政策发生了重大转变。成员国决定全面重塑欧洲经济共同体"共同农业政策"（PAC）框架，大幅降低公共干预价格（谷物价格降低35%），同时采用直接补贴来补偿农民下降的收入。新政策从原来的对农产品收购价格的支持转为直接对农民的收入给予补贴。此外，根据农场的规模，领取这些补贴还附带有强制性的条件：需要农民休耕一些耕地从而冻结部分耕地的使用权，这个条件直到2008年才被取消。这个强制性的冻结耕地，大概占耕地总面积的5%~15%，旨在限制谷物总产量从而限制出口预算。在此，新政策考虑财政的因素超过了"共同农业政策"的最初的战略考虑。然而新的"农业共同政策"使得用本土小麦当饲料和用进口产品当饲料相比更具竞争力。在国际层面上，这一调整后的农业政策旨在促进关贸总协定乌拉圭回合贸易谈判的达成。1992年欧共体"共同农业政策"改革的主要目标是让该政策适应变化中的多边贸易环境，尤其是为了适应1994年4月达成的关贸总协定的马拉喀什协议，该协议为世贸组织（OMC）[12]的成立打下了基础。但新政策也是为了适应一个深度变化的欧洲环境：随着柏林墙的倒塌，在1995年欧盟已经扩大到15个成员国。欧盟"共同农业政策"历史上的又一个重要阶段出现在1999年，也就是所谓的"2000年议程"的改革计划。在该项改革计划中，欧盟委员会继续努力降低价格干预的水平，使欧洲市场更接近世界市场，并尝试控制粮食产量过剩的风险，尽管这种产量过剩在中东欧国家

（PECO）[13] 有望加入欧盟的前景下可能无法得到有效控制，而这次改革的真正创新之处在于创建了欧盟"共同农业政策"的"第二支柱"。相对于农业"第一支柱"，即发展农业生产本身而言，"第二支柱"这一术语汇集了所有旨在促进与农业相关的其他功能：如国土规划、土地维护和保护生物多样性。这是一个与时俱进的变化趋势，它强调了必须适应农业的多功能性，但同时也改变了"共同农业政策"的本质：该政策从最初的追求欧洲粮食安全为目标（旨在消除欧洲大陆对粮食短缺的担忧）到转型成为为消费者和自然环境谋求福祉的工具，这种转变是非常显著的。

欧盟"共同农业政策"的这种战略调整也带来了预算的重新分配，这在 2003 年、2008 年和 2013 年的修订方案中尤为明显。同时，欧盟"共同农业政策"与世界贸易组织（OMC）以及多哈回合多边贸易谈判所暴露出来的贸易兼容性问题也日益凸显，第三国在此过程中提出的要求越来越多。2003 年，欧盟决定将对农业的补贴和农业生产行为分离。此后每年农民不用承担生产义务就可以接收一笔补助。这样的举措尽管确保了农业生产者的收入，但欧洲农业战略的能见度却因此变得模糊不清。

关注环境，但不安全感卷土重来

在 2014—2020 年，欧盟于 2013 年实施的"共同农业政策"的改革旨在着眼欧洲社会，更好地将农业开支用在提高效率，保证持久性和公平性等目标上。同时此次改革还确认了欧盟转向环保的决定——成员国可以预留出上限可达30%的其直接支付的国家会费，用以奖励有利于气候和环境的强制性做法。此外，关于农业预算、补贴分配以及"第二支柱"涉及的内容，都给予了各成员国更大的自由操作空间。事实上，这些措施使得欧盟"共同农业政策"逐渐变得不像欧共体创立之初那么"共同"了。

近些年来，欧盟"共同农业政策"改革中的追求农业绿色化和个性化的趋势越来越被放大。欧盟的新的"共同农业政策"改革政策原本应该适用于2021—2027年周期，但这次改革直到2023年才实施。这其中的确受到了新冠疫情的影响，但还是需要指出，针对欧盟"绿色协议"（le Pacte vert）中推行的指导方针，布鲁塞尔欧盟委员会和成员国之间的谈判充满了障碍，一波三折。该协议旨在使欧盟在2050年实现碳中和，是欧盟委员会的主要战略轴心，各个政策领域都应围绕此展开。这个"绿色协议"同样适用于农业领域，在2019—2021年，欧盟制定了两项农业关键战略——"从农场到餐桌"（Farm to Fork）和"生物多样性"（Biodiversité）。2021年6月24—25日，欧洲议会、各成员国部长和欧盟委员会终于就新"共同农业政策"的文件达成了一致意见。根据该方案，到2030年欧盟将把25%的农业用地用于有机农业，减少20%化肥的使用量，将农药和畜牧业抗生素的使用量减少50%，并让欧盟的农田中有10%处于休耕状态。在绿色政策方面，"生态奖励制度"用来奖励农民们的环保计划，将占到投入的直接补贴总额的25%。此外，新的"共同农业政策"正走向"回归成员国化"的步骤，欧盟的 27 个成员国都可以有自己的"国家战略规划"（PSN）[14]。对于欧洲农民来说，新政是令人担忧的。在这个框架下，生产目标不再是农民追求的首要任务，而新政也几乎没有考虑农产品经济竞争力这个因素。实际上，由于战争的影响以及生产成本的通货膨胀，欧洲委员会已经不得不在 2022 年临时修订了新政中的一些措施，例如，农田休耕，以减少上述提及的原因造成的减产对市场形成的冲击。

但是在欧洲大陆的地缘政治局势越来越紧张的背景下，农业讨论的焦点只放在"环境"这一个问题上的做法正在被欧盟重新审视。毫无疑问，我们在处理气候问题时，必须考虑到欧盟正在重塑的各种战略性因素，而这些因素正是欧盟现在必须应对的问题。一方面，欧盟在大谈粮食自给自足和食物主权；另一方面，如果说欧盟打算放弃长期以来一直支撑着欧洲地区稳定与安全的农业及其生产力，这无疑是会让人大跌眼镜的。然而，一些针对"绿色协议"和"从农场到餐桌"战略的研究得出的结论是，欧盟粮食收成将下降，将不得不增加从欧盟以外的国家进口粮食。例如，代表欧盟进行谷物贸易的"欧洲粮食商会"（COCERAL）[15]，在其前瞻性的分析中估计[16]，到 2030 年，欧盟小麦产量可能下降 15%（约 2000 万吨），而如果即使仅按照中位数执行欧盟"绿色协议"的话，到 2050 年小麦产量降幅将更大。在这种情况下，欧盟将成为谷物的净进口国，就小麦而言，情况会更糟，该农产品在全球市场上的贸易份额将逐渐萎缩。作为国际农业培训和研究方面的权威机构，荷兰瓦赫宁根大学的研究也表达了类似的观点：如果实施"绿色协议"，欧洲的大型农作物产量将下降 10%~20%，欧盟的食品价格将上涨，同时从国际市场进口的粮食数量将增加，而一旦欧盟成为国际市场上某些农产品的结构性买家并且需求量激增的话，这就有可能引发潜在的贸易失衡。此外，研究还指出，将耕地的 25% 转为有机耕种将带来的环境收益并不适用于所有农作物，尤其是小麦。然而也有其他研究工作认为"从农田到餐桌"战略以及更广泛意义上的"绿色协议"战略是欧洲发展更具持续性、更具韧性的农业和食品系统的推动力。还有一些研究认为，鉴于无法指望增加生产，因此建议欧盟对"共同农业政策"和欧洲农业模式进行重大重组，采用生态农业系统模式，只有这样才能不削弱欧洲在全球粮食供应和平衡中的作用。尽管"共同农业政策"在欧洲一体化进程中起到了发动机的作用，但关于该政策仍然存在许多争议，其中就包括欧盟委员会分配给该政策的预算（在 2021—2027 年多年期财政框架中是首要支出项）以及可持续发展与地缘战略之间的紧张关系。

欧洲小麦的新国界

近年来欧盟"共同农业政策"在不断变化，同时关于欧盟农业如何应对生产力，经济效益以及气候挑战的争论仍在持续，将小麦问题与这些变革联系起来似乎是有益的。我们可以着手从"边界"的概念来考虑这个问题。1995 年，欧盟的小麦种植面积为 1200 万公顷，产量为 7500 万吨，其中 1600 万 ~1800 万吨用于出口。从那时起，欧盟进行了四次扩张（分别在1995年、2004年、2007年和2013年），但很少有人提及这些扩张在多大程度上提高了欧盟的农业潜力，尤其是在谷物生产力方面。尽管英国在2020年脱欧，但拥有27个成员国的欧盟仍是国际粮食舞台上的重要角色。欧盟小麦种植面积达2200万公顷，占世界小麦总种植积的10%。近年来，欧盟小麦年平均产量在1.25亿吨和1.4亿吨之间波动，小麦出口经常超过3000万吨大关。自21世纪初以来，在22个小麦收获季中，欧盟出口了5亿吨小麦，比美国出口少约1亿吨，但比同期的俄罗斯多1亿吨。欧盟的扩张在大幅提高了小麦生产力的同时也大幅提高了小麦出口量。在欧盟出口的5亿吨小麦中，其中的一半是在2015—2022年出口的。出口的小麦销往全球，主要客户有阿尔及利亚、埃及、摩洛哥、中国和尼日利亚，但这其中40%的交易是在欧盟成员国之间进行的。法国单独占据了欧盟出口小麦的平均量的三分之一。罗马尼亚以近20%的份额紧随其后，然后是德国（15%）、立陶宛（7%）、拉脱维亚和保加利亚（各6%）。加入欧盟的东欧国家在欧盟小麦出口总量中贡献了40%的份额。自20世纪90年代中期以来，欧盟的扩容使小麦种植面积、收成和出口量大致翻了一番。欧盟的资金无疑促进了东欧地区农场的发展和现代化，这些地区原来长期一直被苏联的集体主义体制所束缚。然而不能忽略的事实是，欧盟也进口小麦，每年为400万~600万吨，其中三分之一是硬质小麦，这使得加拿大成为欧盟的主要小麦供应国之一。乌克兰、俄罗斯、美国、摩尔多瓦和英国的小麦也进入了欧盟市场（图4-3）。

（单位：百万吨）

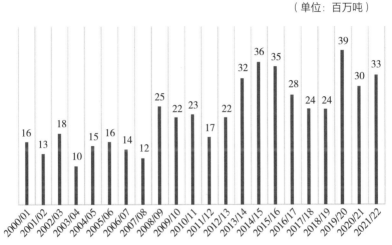

图 4-3　21 世纪初以来欧盟小麦的全球出口量变化图

数据来源：美国农业部。

与澳大利亚等小麦产量年际变化起伏明显的世界其他的小麦生产国和小麦粮仓相比，欧洲地区的优势之一在于其小麦生产的巨大的稳定性。欧洲温和湿润的气候非常适合小麦的生长，用农艺学的术语来说，这种气候对小麦的"压力"也比世界其他地区小。而且相对于其他地区，欧洲很少出现极端性的气候。这样的气候，加上欧洲农民的专业技术和过去半个世纪以来通过"共同农业政策"计划所投入的资源，使得欧盟的小麦产量很高（欧盟27 国的小麦产量为 5.5 吨 / 公顷，法国为 7 吨 / 公顷，德国与法国持平），远高于世界平均水平，也优于欧盟在北美或黑海的竞争对手。一共有 19 个欧盟成员国跻身世界小麦单产量最高的 30 个国家之列。但是，由于气候变化的加速以及"旧大陆"开始更频繁地出现极端现象，欧盟长期以来的优势可能很快就会改变。干旱气候程度更重，持续时间更久，因此对谷物产量的影响也会更大。欧洲的小麦产量还能增加吗？小麦产量是会下降吗？或者在不同收成年份之间或同一国家不同地区之间产量是否会出现显著差异？2022 年在这个问题上是具有代表性的一年，尽管需要强调的是，该年气候对农作物产量造成冲击的主要影响到的是玉米，而对小麦的影响很小，因为小麦和玉米的生长周期不同，对气候变化的抵抗力也更强。尽管气候问题在其他方面也值得讨论，但仍需要将它视为关乎欧盟未来农业公式和小麦生产前途的关键因素之一。正是在这个背景下，对创新和科研的态度将仍是关乎欧洲农业未来发展的重要问题。如果说气候问题引发的社会和民主辩论仍将持续，欧洲国家也不得不适应这种气候变化，整合技术进步所提供的可能性来适应它，同时重新发现古老和传统做法也可能会对应对气候问题有所帮助。未来的农业将比以往任何时候都更需要综合考虑各种因素，欧洲大陆也无法避免这一点。此外，欧洲大陆普遍呼吁欧洲应努力实现蛋白质自给自足，从而摆脱对来自美洲的大豆的依赖，因为种植大豆而造成了亚马孙丛林遭到砍伐，这一点一直备受舆论谴责。另外，欧盟内油料作物（如向日葵、大豆、油菜）种植面积的增加可能会牺牲目前用于种植小麦的土地。在这一点上，欧盟选择的空间其实是很有限的：在欧盟可用的额外土地非常有限（尤其是如果农田需要让10%的土地休耕），并且还需要在大型农作物之间做出权衡（生产者会根据土壤、气候条件和农作物价格，政府在这方面的支持等做出选择）。

在气候、农业学和科研的领域之外，我们还应该试着讨论欧盟在农业和谷物方面设立的地缘政治边界的意图。首先，欧盟是否应该出口其农产品？如果是的话，出口的目的地是哪些？应该用什么手段来支持这种具有战略意义的贸易？作为一个由27个成员国组成的共同体，欧盟十多年以来一直是世界小麦贸易的出口大国，出口量平均占全球贸易量的17%。然而，很少有人从农业发展的积极面来评论欧盟东扩事件，尽管东欧国家的加入加强和丰富了欧盟的农产品生产。然而，欧洲小麦产品范围的扩大难道不值得在国际市场上获得更多的回报吗？总之，在未来一段时间，农业将象征着"强大欧洲"和农业是欧盟战略产业这两大美好愿景的落空。当下欧盟的农业争论既不讨论东扩的力量补充加强了欧盟的主权实力，也不讨论集中优势农产品以谋取全球地位，而停留在技术层面和语焉不详的地缘政治层面。尽管欧盟"共同农业政策"提供了欧盟内组织和内部调节的参照框架，但并没有制定共同的对外农业（或谷物）政策。原产于法国、德国或罗马尼亚的小麦，一旦流通出欧盟的边界，就会进入国际贸易市场相互激烈竞争的局面。在这种情况下，欧盟的统计汇总数据就会灰飞烟灭。未来如何给欧盟谷物在国际范围内提升口碑，使粮食进口商确信源于欧洲的谷物是安全的，同时如何提升其谷物的互补性和质量，这无疑是一个值得深思且会有颇多收益的领域。

谷物，以及更广泛意义上的农业，必须成为欧盟彰显其主权力量的最重要的资源之一。一个能够继续推进其农业系统绿色生态化的欧洲，如果能将其农作物置于以低碳、适应性和创新性为核心的气候战略中，并同时能为"共同农业政策"提供一个有动力的未来远景，这难道不正是回应了布鲁塞尔的要求，即希望发展"绿色协议"并使其重新成为地缘政治力量吗？在一个正在转型的世界中，欧洲必须保护自己的优势，并研究在共同体内部层面可以做哪些，使其与共同体外部行动保持协同效应。并不是呼吁欧盟来养活世界，而是呼吁欧盟对平衡全球粮食贸易做出贡献。只有这样，在全球那些正越来越坚定地将农业和小麦作为彰显国家实力的主要工具的竞争对手面前，欧洲才能继续保有竞争力。

罗马尼亚和康斯坦察港
欧洲小麦舞台的新演员

罗马尼亚于 2007 年加入欧盟，该国谷物种植潜力巨大。加入欧盟后罗马尼亚立即实施了欧盟"共同农业政策"，实现了该国农业的现代化，同时增加了农产品产量，目前该国农业部门从业人口仍占总劳动人口的20％。然而，这些动态变化改变了某些平衡。该国土地变得更加集中，畜牧业衰退，而在农作物种植方面，二元性发展进一步加剧，即一方面是非常小的自给自足的农场，另一方面是有竞争力的能够出口粮食的大型企业。谷物在这一农业发展轨迹中起着重要作用。自 2017 年以来，罗马尼亚每年收获 900 万~1000 万吨的小麦，平均产量是加入欧盟之前的两倍。该国通常有 40%~50% 的小麦收成用于出口。因此，该国已成为欧洲小麦贸易的核心参与者和有实力的竞争者。罗马尼亚每年出口 400 万~500 万吨小麦，主要销往地中海地区，其中埃及是最主要的客户，埃及近来开始更多地转为购买产自罗马尼亚的小麦。小麦出口为罗马尼亚带来的年收入现已超过 10 亿欧元，这对于该国这样一个新兴经济体来说是一笔可观的关键的收入。罗马尼亚小麦贸易的一个优势在于该国拥有便捷且日益完善的农业物流体系，特别是依托康斯坦察港口周边的设施。康斯坦察港口建于一个多世纪前，位于多瑙河口附近的罗马尼亚平原中，可以出口许多欧洲国家的产品。来自波兰、保加利亚和德国的谷物在这里装船，乘风破浪销往更广阔的世界市场。康斯坦察港现在已和法国的鲁昂港并列成为欧盟的农业港口重地。该港口的规模与其他欧洲和国际大港相当，可以容纳大型船只。自 2022 年春季起，乌克兰的谷物也从康斯坦察港口出口，此前乌克兰的小麦是通过多瑙河的驳船运输。

黑海：世界谷物心脏地带

　　大约一个世纪前，英国地理学家哈尔福德·约翰·麦金德尔（Halford John Mackinder）提出了一种对当时来说非常意味深长的国际关系理论。这个理论提出：

　　"谁控制了东欧就控制了全球心脏地带。谁控制了全球心脏地带就控制了世界岛。谁控制了世界岛就控制了世界。"

　　在第一次世界大战之后的几十年中，这个心脏地带（heartland）的理论不断在某些大国的军事行动中得到印证，就像纳粹德国或是苏联那样，它们都对东欧、多瑙河以及黑海沿岸地带的资源虎视眈眈。

　　在 2020 年年初，俄罗斯和乌克兰在全球小麦出口市场的份额占总额的近三分之一，而在 2000 年年初这一比例还未超过 10%。尽管这种大量出口份额赋予了俄罗斯和乌克兰在全球范围内举足轻重的地缘经济地位，但两国的谷物在国际市场上仍然是竞争对手。在 21 世纪初，这两个国家摆脱了苏联解体后的长期经济低迷状态，开始了雄心勃勃的农业发展，两国的发展目标也相似：两国均打算利用各自的地理资源，将农业重新纳入国家首要优先发展产业，重组农业生产体系，将农业视为彰显国家实力和重新融入贸易全球化网络的关键要素。

俄罗斯：意在征服世界的粮食超级大国

于俄罗斯而言，在农业和粮食贸易方面收复失地的时间可以追溯到弗拉基米尔·普京于 2000 年上台的时间。从普京执政开始，他的主要目标就是摆脱叶利钦总统治理的混乱年代，恢复俄罗斯的荣光。普京时代从执政伊始，目标就定位为对内恢复秩序，对外重振雄风。充沛的原材料为俄罗斯的国家复兴提供了"真材实料"的机遇。克里姆林宫因此将石油、天然气和谷物定位为可以帮助俄罗斯重新立于世界大国之林的战略资产。在这条大国重塑的路上，需要区分好几个时间段。21 世纪第一个 10 年是农业发展的年代，这主要得益于 1998 年卢布贬值，以及为了加入世界贸易组织（2012 年生效）而进行的国际贸易开放，而这 10 年同时也是俄罗斯经济高速发展的时期，因为原材料价格上涨即使俄罗斯的经济从中受益，还使得与克里姆林宫过从甚密的行业寡头们发家致富。2000—2009 年，俄罗斯国内生产总值年均增长 7%。在此期间，小麦产量翻了一番，从 3500 万吨增至 6000 万吨。然而，俄罗斯也是农产品进口国，主要是进口乳制品、肉类、水果和蔬菜。

另一个阶段开始于 2009 年，该年爆发了国际金融危机，俄罗斯也未能幸免于难。俄罗斯受到能源价格波动的影响，而能源价格对该国的经济增长和国家机器健康运行有决定性作用。自 21 世纪初以来，这是一个毋庸置疑的常数。尽管谷物价格也有波动，但是相较于能源价格而言，谷物价格稳定性更高，虽然说小麦收成也遇到了一些困难。2010年，由于干旱导致俄罗斯农村地区发生无休止的火灾，收成恶化，小麦产量下降到4200万吨。为了保护国家粮食安全，俄罗斯政府颁布了谷物出口禁令，使多个进口国无法从俄罗斯进口粮食。首当其冲的是埃及，当时该国正经历着重大社会政治危机。在克里姆林宫颁布的粮食禁运的政治决策，全球市场上飙升的小麦价格，以及埃及街头因面包短缺而造成的一触即发的紧张局势之间，我们既不能武断地认为有因果关系，但也不能无视这些问题之间的联系，因为这些问题有助于理解当时就已经形成的各国之间谷物相互依存的局面。埃及是世界上最大的小麦购买国，它的国内的结构性粮食供应高度依赖俄罗斯。尽管埃及现在是穆斯林兄弟执政，但在2012年俄罗斯平原因气象异常再次出现小麦歉收时，埃及政府依旧和从前一样表现得忧心忡忡。

从2014年开始，随着国际舞台上的风云变幻，俄罗斯的农业战略也随之发生了变化。俄罗斯市场的关闭扰乱了欧洲的农业和相关产业链。这加剧了欧盟国家之间的竞争，同时也促使俄罗斯与一些粮食供应国（如土耳其、中国、巴西、摩洛哥、阿根廷）之间建立了新的农业贸易关系。其次，对俄罗斯的禁运促使俄罗斯谋求粮食的自给自足，俄罗斯国内必须增加动物产品、奶制品和园艺产品的生产。在几年内，俄罗斯就将实现这一目标，目前它已经实现了农业的多样化，减少了对谷物的依赖。因此，禁运政策反而成为俄罗斯国内发展的触发器，同时还削弱了欧盟的地位。而对于欧盟来说，这不仅意味着它失去了一个战略市场，而且此后它还必须与一个令人生畏的竞争对手竞争。西方的制裁反倒刺激了俄罗斯的农业发展，对农业的公共补贴、农业领域的科学研究和允许私人投资农业，这些措施使俄罗斯能够从农业土地中获得更多利润。

对于克里姆林宫来说，有两个标志性的变化象征了俄罗斯的主权突破和对国际农业贸易舞台的掌控。首先，长期处于逆差状态的俄罗斯农产品贸易自 2018 年起转亏为盈，出现顺差。2000—2014 年，俄罗斯农产品贸易逆差每年在 100 亿 ~200 亿美元之间波动。禁运后，由于出口的强劲增长，贸易赤字有所收窄，直至出现扭转，自 2018 年以来，每年贸易顺差在 200 亿 ~250 亿美元。其中谷物交易量占总额 50%，但俄罗斯还投放大量海鲜产品、油料甚至鸡肉和猪肉到全球市场。虽然与能源和金属 / 矿产相比，农产品贸易额在俄罗斯出口总额中所占的份额要小得多，但它已成为该国第三大出口贸易项目，甚至超过了武器销售。俄罗斯取得的另一个胜利是：尽管美国自 20 世纪 30 年代以来一直稳坐国际小麦交易的第一把交椅，但在 2016 年俄罗斯取而代之，重新成为最大的小麦出口国。如果从更久远的时间维度来看，这更像是一种修正行为，因为从 19 世纪中叶到 1917 年的十月革命爆发之前，地球上一半的小麦出口均是由俄罗斯一国承担的。因此，21 世纪重新恢复了一个相对古老的小麦出口国

际等级排序，俄罗斯的这些土地曾经是也会一直是世界的粮仓
（图 4-4）。

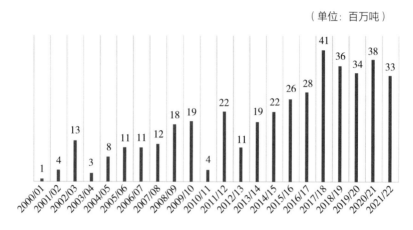

（单位：百万吨）

图 4-4　21 世纪初原来俄罗斯小麦出口量变化图

　　克里姆林宫正在利用俄罗斯在农业和谷物方面的这一优势
在世界各地结成新的联盟，或者打入莫斯科从前存在感很低的
市场。俄罗斯的小麦以及在高加索地区种植的红色浆果正被销
往近东和中东地区。叙利亚自 2011 年以来长期处于内战，虽
然说俄罗斯的军事援助确实有助于支持叙利亚巴沙尔 - 阿萨
德的什叶派政权，但我们还必须加上从俄罗斯流入叙利亚的谷
物的作用，只有这样才能定性俄罗斯对这个国家的全部政策特
点。俄罗斯对于其主要小麦客户埃及，销售额一直在不断增加：
2010—2016 年平均每年销售 650 万吨，2016—2021 年平均每
年销售 800 万吨。俄罗斯在销售小麦的同时还逐渐扩大了其竞

争市场。在地中海南岸，小麦与俄罗斯销售的军火还有瓦格纳雇佣军一道进入了利比亚战场。阿尔及利亚是全球主要的小麦进口国之一，俄罗斯也试图打进该国小麦市场，尽管并不想挤掉在北非国家小麦供应版图上中占主导地位的法国小麦。俄罗斯对撒哈拉以南的非洲的出口量正在增加，尤其是对埃塞俄比亚、苏丹、尼日利亚、肯尼亚、南非和喀麦隆这几个国家。俄罗斯也向中亚（哈萨克斯坦、阿塞拜疆、孟加拉国）和东南亚（越南、印度尼西亚、菲律宾）出售大量小麦。我们还必须提到伊朗、也门、黎巴嫩，这些国家都是俄罗斯小麦的主要进口国，当然还有土耳其。实际上土耳其购买小麦是为了将其加工成意面或面粉，然后再出口这些产品。自 2010 年以来，对俄罗斯而言土耳其市场已经和埃及市场一样重要。这两个国家占俄罗斯小麦出口量的 40%。从 2000—2021 年，仅小麦这一项，俄罗斯生产了 12.5 亿吨，略高于美国（12.25 亿吨），更远多于法国（7.07 亿吨）。就其出口量而言，在同一时期内，俄罗斯总共向全球市场供应了 3.8 亿吨小麦，大约占其收成的三分之一（图4-5）。随着时间的推移，该国在全球小麦出口中的份额逐渐增加，自 2016 年以来年平均份额从 16% 上涨到 23%。换而言之，从 21 世纪初开始，随着时间的推移，全球交易市场中原产俄罗斯的小麦比重越来越高。对莫斯科来说，对外销售小麦每年能带来约 100 亿美元的收入。列宁曾经说过，"小麦是货币中的货币"，以此来解释小麦这种产品就像食物一般，总是有价值的，但货币则可能因小麦价格波动和买卖双方的信任关系而失去价值。俄罗斯似乎想用实际操作再次巧妙地诠释这则格言。

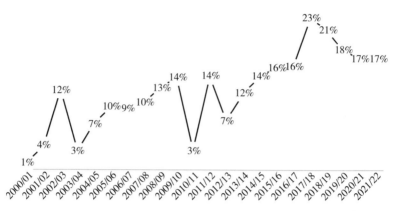

图 4-5　21世纪以来俄罗斯在全球小麦出口中所占份额的变化图

数据来源：美国农业部。

除了政治上的决心和在农业战线的投入，俄罗斯小麦生产能力还得益于其地理条件。作为世界上面积最大的国家，俄罗斯拥有适合种植谷物的土地：即著名的黑土地（俄语称为tchernoziom）。俄罗斯国土东西对角线长达5000公里，而这些黑土地遍布在这个对角线上，从西部的罗马尼亚开始，延伸到乌克兰平原，并从俄罗斯境内一直延伸到乌拉尔山脉的南部，还包括哈萨克斯坦和西伯利亚西部阿尔泰山脉的某些地区。俄罗斯有大约3300万公顷的黑土地，几乎占其农业总面积的15%。尽管气候条件不利，有效水资源短缺，但俄罗斯仍能依靠其肥沃的土壤发展农业和谷物生产。莫斯科政府深知这一点，为提升这一潜力，俄罗斯政府不断在黑海和里海沿岸追加投资就不足为奇了。莫斯科政府的雄心壮志源于一个更长期的愿景，即西伯利亚地区的农作物或将从全球气候变暖现象中获益。此外，俄罗斯的小麦产量尚未达到最佳值，毫无疑问俄罗斯还可以通过提高生产率来增加小麦产量。这一点尤其可行，因为俄罗斯拥有生产氮肥的关键要素——天然气资源，而氮肥是谷物种植不可或缺的肥料。这一点是有决定意义的，因为不管是在莫斯科当局还是在全球购买俄罗斯小麦的一些买家进行的地缘政治分析中，结论都是：俄罗斯的小麦未来肯定不会缺货。俄罗斯还依托这种地理优势来构建了它的农业物流结构。俄罗斯政府投入了巨资用来实现黑海港口的现代化：装载能力最强的新罗西斯克港、罗斯托夫港和图阿普谢港，更不用提将亚速海与黑海盆地隔开的战略要地刻赤海峡的塔曼港和卡夫卡兹港。近来俄罗斯还发展了小麦交易的俄罗斯化，以增加该国在战略管理方面的自主权。金融集团 VTB 是俄罗斯主要银行之一，与克里姆林宫过从甚密，旗下的德米特拉（Demetra）公司已成为俄罗斯谷物出口的主要运营商之一，该公司负责将大量谷物从俄罗斯内陆运往黑海海域及全球各地。因此，农产品，尤其是谷物，是事关俄罗斯国家安全以及其寻求的国际影响力的核心。普京公开支持国家的农业发展，并利用这些产品来实施其外交政策。他的目标非常明确：巩固俄罗斯在小麦上的全球统治地位，从而满足地球上不断增长的粮食需求。

乌克兰：充满爱国主义的麦田

　　像俄罗斯一样，乌克兰在 21 世纪初也做出了自己的选择，决定将国家发展和对外展现国家实力的法宝押在农业和粮食生产上。当许多其他国家效仿欧洲——逐渐放弃工业和第一产业，将目光投向别的产业时，乌克兰却做出了这一背道而驰的选择。此外，欧洲的一些国家折服于乌克兰的农业潜力，对乌克兰频繁更迭的不同政府发出的农业建设号召颇感兴趣，这些国家将不会放过将乌克兰变成欧洲新的农业生产领地的机会。还必须指出的是，欧洲复兴开发银行（BERD）[17] 在此过程中所发挥的作用。这家多边金融机构从未停止过为乌克兰及其崭露头角的未来农业实力奔波，四处请求援助。与邻国俄罗斯一样，推动其他国家敢于下注搏一把的原因是因为乌克兰也拥有的黑土地资源。该国也拥有大量对农业种植极为有利的黑土（俄语称为：tchernozium）。这些土地在过去常常被他国觊觎。从古代开始，这些土地就已经为许多人提供食物，比如雅典城就靠黑海沿岸的小麦收成来确保自己的粮食安全。尤为悲惨的是，在 1932—1933 年发生的乌克兰大饥荒，导致约 500 万乌克兰人丧生。而当时苏联在开发其丰富的土壤的同时抢夺其小麦收成，这些粮食用来供养苏联东部大城市的工人，或者将其出售到国外。后者是为了用来购买对工业经济至关重要的机床设备。乌克兰作为俄罗斯的粮仓，在反抗中逐渐衰败。虽然乌克兰反对土地集体化，但却遭受到当时的苏联独裁者的严厉打击。这段历史史称大饥荒（Holomodor），意为"通过饥饿进行消灭"。提及这个词，至今仍让许多乌克兰家庭心有余悸。这些再三重演的历史的确值得回味，因为它们显示出一种倾向，即乌克兰处于地缘政治意图的曲折和悲剧的交汇口，而这些悲剧遍布这个所谓的"中心地带"（heartland）。

在短短几年间，乌克兰就跻身到世界主要的农产品生产和出口国的行列。该国总耕地面积达到 3000 万公顷，现在能够出产大量的主要农作物，如小麦、玉米、葵花籽、油菜、大麦和黑麦。2021 年，乌克兰总共生产了 1.1 亿吨农产品，是 2010 年的两倍，这些农作物收成中很大一部分都出口到国际市场。在体量上，2021 年乌克兰农业占全球农业贸易总量的 5%，在葵花籽（油和饼粕）方面，乌克兰是全球最大的生产国（占据 1/3 的全球市场份额），也是全球最大的出口国（占据 50% 的全球市场份额）。此外，乌克兰是全球第五大玉米生产国，玉米是该国的主要谷物，也是全球第四大玉米出口国（出口量为 3000 万 ~3500 万吨），仅次于美国、巴西和阿根廷这几个巨头。该国还占据了世界大麦和油菜出口的平均 15%~20% 的份额。过去几年，乌克兰的农业平均贡献了国内生产总值（GDP）的 10%~15% 的份额，以及总出口额的三分之一。农业人口占据了该国就业人口的 20%。绝大部分（90%~95%）出口主要通过黑海沿岸的港口终端进行，这些港口具备储存和装载国内收获的谷物的能力。这些港口分别为尼古拉耶夫港、敖德萨港、皮夫登尼港、切尔诺莫尔斯克港、别尔迪亚斯克港和马里乌波尔港。在小麦方面，乌克兰的产量则越来越多：21 世纪第一个十年平均每年产量为 1500 万~2000 万吨，21 世纪第二个十年为 2500 万吨，2021 年创下了创纪录的 3300 万吨。因此，该国加入了一个会员国数量非常有限的超级俱乐部，这个俱乐部是由少数既能实现自己国家粮食自给自足，同时还能向全球市场供应粮食的国家组成。近年来，乌克兰的小麦产量在全球排名在第 6 到第 8 位，出口量全球排名在第 4 或第 5 位。乌克兰将这些小麦销往多个国家，但埃及长期以来一直是乌克兰小麦第一大买家，直到 2015 年左右，出现了另外一个和埃及购买能力相当的国家，那就是印度尼西亚。乌克兰小麦其他的出口市场主要集中在地中海地区（土耳其、黎巴嫩、突尼斯、摩洛哥、利比亚、以色列）和亚洲地区（巴基斯坦、孟加拉国、泰国、菲律宾、韩国）。近年来，沙特阿拉伯和也门也购买了乌克兰小麦。在 2000—2021 年生产的 4600 万吨小麦中，乌克兰出口了其中的 1900 万吨，其中 60% 是在 2015—2016 年贸易战之后出口的。乌克兰的小麦产量占 2018—2021 年全球小麦交易量的 10%。而近年来，乌克兰投放到全球市场的小麦在其小麦总收成中的比例在不断增加，现在乌克兰超过了一半的小麦收成用于出口（图 4-6）。

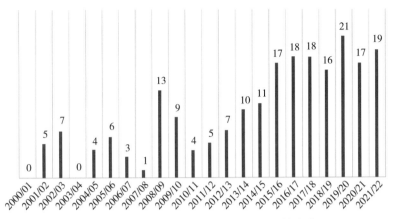

（单位：百万吨）

图 4-6　21 世纪初以来乌克兰小麦出口的变化图

数据来源：美国农业部。

　　和向日葵以及玉米的地位类似，乌克兰对其小麦产量及其在全球粮食平衡中所起的作用感到自豪。这些农作物是显而易见的经济资产，也帮助该国在遭遇重大危机时，如 2014 年的革命运动以及与俄罗斯局势最紧张时期，经济表现出一定程度的韧性。同时，农业生产也被视为是提升乌克兰国家认同感和为祖国增光添彩的要素。事实上，关于乌克兰国旗的象征意义经常引起争论。一些人认为国旗下部的黄色条纹象征的是向日葵，另一些人则认为象征的是玉米穗，但更多人认为它象征的是小麦田。近些年来，从种子公司到物流领域、从农业设备到技术咨询，所有大型国际农业公司都已进驻该国。这些公司将成为农业和出口发展的推动力，因此为这些公司在该国落户提供了各种便利。在乌克兰国内，国内粮食运营商的重要性也在增加，如 Nibulon 和 Kernel 公司（均是乌克兰大型粮食出口商），这些公司在谷物产业链上表现非常活跃，业务范围从上游的谷物生产到港口装运，无所不包。

谷物市场从协议合作到相互竞争

2014 年，乌克兰失去了克里米亚半岛，而那里每年的小麦产量为 100 万 ~200 万吨，这削弱了乌克兰的谷物生产潜力，而俄罗斯却从中受益。

第一点是和乌克兰的地理位置有关：乌克兰 60% 的小麦收成来自该国东部地区，主要位于从哈尔科夫到敖德萨的一条倾斜的南北弧线上。这两个州分别是卢甘斯克和顿涅茨克，小麦产量大约占到乌克兰总产量的 10%。此外，两国冲突局势的发展意味着俄罗斯既要征服亚速海，又要征服该海域沿岸的领土，这一点在马里乌波尔战役中得到了证明。同时，俄罗斯还试图在乌克兰整个沿海地区有所突破，从赫尔松到敖德萨，尤其是尼古拉耶夫，所有这些行动均导致了农业生产被破坏，商品损失甚至包括 2021 年收获的谷物库存的被盗，这些库存尚未来得及运往国际市场。仅就小麦而言，估计在 2022 年 2 月俄乌冲突时，乌克兰尚有 700 万吨的小麦等待出口，考虑到乌克兰的小麦在 2021 年本身就是空前的丰收年，乌克兰当时已经完成了 2021—2022 贸易年度上半期创纪录的销量。但结果就是：因为该国的贸易特别是农业贸易依赖黑海运输，所以乌克兰在经济上被锁喉窒息。因为既丧失了航海自由权，又没有掌控农产品物流流动的能力，乌克兰在农产品贸易出口上立即陷入瘫痪。两个小麦生产和出口国之间爆发了冲突，谷物资源被破坏和掠夺，海运航道和贸易被封锁：这些诸多因素使得俄乌冲突爆发时谷物价格一路飙升。随后，双方冲突的持续胶着加剧了市场的不确定性和猜测，既有对乌克兰农业状况的担忧，也有对必然减产的 2022 年小麦收成的前景的担忧，同时还有对乌克兰作为小麦原产地何时能重返粮食国际舞台的担忧。

这其实也是第二个问题。全球持续关注的两国之间的这场冲突在粮食安全方面造成的洲际影响。新冠疫情的大爆发，原材料上涨以及国际舞台上各国执行的"人人为自己"的政策，以上种种导致全球形势整体不乐观，而乌克兰危机更是激化了所有的这些紧张局面。但仅拿小麦这一项来说，在地缘政治层面上，许多人才发现俄罗斯和乌克兰小麦占全球出口的 30% 的份额，满足了全球相当数量的人口的粮食需求。事实上，据 2019—2021 年的平均数据显示，在采购小麦时有 27 个国家超过 50% 的购买需求依赖于俄罗斯和乌克兰的小麦出口。这 27 个国家总人口为 7.5 亿，其中包括黎巴嫩、厄立特里亚、索马里、刚果民主共和国、马达加斯加、埃及、贝宁、刚果、利比亚、巴基斯坦、利比里亚、卢旺达、毛里塔尼亚和塞内加尔等国家。如果将标准降低，按从俄乌两国进口小麦量 30% 的依赖度来统计的话，那么将有 13 亿人生活中的谷物安全主要依赖黑海的这两个国家。正因如此，当 2022 年春季俄乌形势"山雨欲来风满楼"时，全球担忧情绪不断蔓延时，联合国秘书长安东尼奥·古特雷斯毫不犹豫地指出全球存在有一个"饥荒飓风"的幽灵的威胁。同样地，乌克兰总统弗拉基米尔·泽连斯基在他的演讲中也不断强调如果俄乌冲突持续，全球粮食风险将会加剧。他还指出他的国家凭借其农业和谷物，养活了这个星球，并满足日益增长的需求，特别是来自非洲的粮食需求。

最后一个问题是，近几年来出现了一次地缘政策的转变。正如前文所述，黑海地区俄罗斯和乌克兰粮食生产和出口的繁荣，构成了自 21 世纪初以来在全球农产品贸易方面最主要的地缘经济变化。有趣的是，黑海的这一农产品势力的形成曾是现在场上各方势力参与运作的共同政治项目的结果。2013 年 10 月，也就是乌克兰危机爆发前夕，时任乌克兰政府决定不签署与欧盟的联系国协定之前，一项在国际评论员中并未引起注意的公告却在关注谷物市场的人群中激起了轩然大波：俄乌两国总理同意从 2014 年春季开始建立一个黑海谷物联盟，成立之初还包括哈萨克斯坦。这个协议的目标是通过联盟的集体动力，增强这些国家在全球谷物贸易中的实力，并减少源于"黑海"产地的谷物的价格差异，从而提高联盟国家对买家的供应质量。这项协议的另一个目标是向世界其他地方发出双重信号，以吸引更多的国际投资，促进农业发展，并最终在全球农产品原材料问题上发挥更大的影响力。此外，这个谷物联盟将能够发挥成员国之间的生产互补性，并提升供给全球进口商的谷物质量。这三个国家的政府决定建立一个机构，其主要任务是管理成员国的谷物出口，限制成员国之间的竞争，同时让成员国的谷物保有相对于美国、欧洲或澳大利亚等产地的谷物竞争力。这个自2010年以来已被多次提及的公告，一经宣布就在农业界引起了轰动，因为这三个国家的粮食打击力是毋庸置疑的，并且它们在全球市场上的存在感越来越强。尽管2013年乌克兰危机以及乌克兰与俄罗斯的公开危机使得这一谷物联盟（又称"小麦欧佩克"）的计划被搁置，但重要的是我们需要牢记这一计划，以防未来乌克兰的发展趋势和现任基辅政府所期待的"向欧洲转向"相悖时，这个计划有可能会重新被提及。

鉴于乌克兰大部分小麦种植地位于该国东部，而对于"俄乌冲突"会对乌克兰粮食种植能力产生什么影响？克里姆林宫曾经推动的黑海经济联盟又将会如何发展？如果俄罗斯和土耳其之间的关系占主导地位，这是否是值得关注的一个议题？在这种情况下，华盛顿会采取什么行动？美国是否会试图干预黑海事务，通过外交和安全叙事手段整合黑海沿岸的谷物共同市场？欧盟在这一切中又会怎样做？它会将乌克兰视为一个额外的农业力量来利用，还是会摒弃经济方面的考虑？在全球小麦粮仓中，尽管历史不断重演，但它从未在和当前情况相同的地缘政治环境下重演过。而与此同时，全球许多地区面临着越来越严峻且脆弱的粮食安全形势，这更需要在国际市场上寻找越来越多的小麦。

译者注

1　USDA:，全称是 United States Department of Agriculture，美国农业部。

2　"New Deal" 是指美国历史上罗斯福总统在 20 世纪 30 年代为应对大萧条所实施的一系列经济复苏计划。这个计划包括了广泛的社会经济改革和立法措施，如创建公共工程项目以提供就业、实施金融改革和农业调整等。

3　"冬季强筋小麦" 是一种蛋白质含量高、备受面包店青睐的小麦品种。和软红冬小麦一样，也是由来自东欧的移民引入种植的。

4　Couscous 是一种非常受欢迎的食物，起源于北非，主要由小麦粉（通常是硬质小麦粉）制成的小粒状食品。这种食物因其独特的制作方法和多样的烹饪方式而闻名，可以用作主食或配菜，非常适合吸收炖菜中的汤汁。

5　马格里布地区指的是非洲大陆的西北角的一些国家，是一个地理文化区域，主要包括以下五个国家：阿尔及利亚、利比亚、摩洛哥、突尼斯、毛里塔尼亚。

6　"elevator" 是北美用来描述储存和装卸粮食的大型垂直储粮设施的术语。这些设施被设计成能够通过电梯系统将粮食从地面运到储藏设施的顶部，然后再通过重力将粮食导向各个储存区域。结构上的这种设计使得粮食的搬运变得更为高效，因此得名 "电梯（elevator）"。

7　Canadian Pacific Railway，加拿大太平洋铁路公司。

8　CWB，Canadian Wheat Board，加拿大小麦局。CCB 是加拿大小麦局的法语缩写，法语全称是 La Commission canadienne du blé。

9　NAFTA 全称是 North American Free Trade Agreement，北美自由贸易协定；法语的全称是 l'accord de libre-échange nord-américain，缩写为 ALENA。

10　PAC：la politique agricole commune，欧盟共同农业政策。

11　CEE 全称为 la Communauté économique européenne，欧洲经济共同体。

12　OMC 全称为 l'Organisation mondiale du commerce，"世界贸易组织" 的法语缩写，英语是 WTO，全称为 World Trade Organization。

13　PECO 全称为 les pays d'Europe centrale et orientale，中东欧国家。

14　PSN 全称为 les Plans stratégiques nationaux，国家战略规划。

15　COCERAL 全称为 Comité du commerce des céréales, aliments du bétail, oléagineux, huile d'olive, huiles et graisses et agrofournitures de l'Union Européenne，欧盟粮食商会。

16　欧盟粮食商会，"欧盟从农场到餐桌的战略欧盟粮食商会的影响评估"，2021 年 6 月。

17　BERD: 全称为 la Banque européenne de reconstruction et de développement，欧洲复兴开发银行。

Aires sous tension :
contraintes, dépendances et soifs de blé

05

小麦匮乏区域：
限制、依赖与需求

全球小麦种植的地理分布,呈现出显著的区域性差异。这一现象显现了不同大陆间小麦消费模式的多样性,以及小麦用途的广泛差异。这种对地理差异的深入认识,早已成为解读各国选择农业发展路径、外交战略以及贸易政策的关键因素。在世界某些地区,小麦供应的逐渐紧缩,产量不足以满足需求的情况尤为突出。对一些国家而言,上述现状已经演化为一系列问题,主要是因为这些国家对小麦的消费依赖于广泛的进口,不仅在经济上引发了显著影响,同时也对社会造成了深远影响。由于小麦供应要求国家在财政和政治层面作出坚定的保障措施,许多国家目前面临人口众多或人口增长率较高的挑战。因此,确保国家粮食安全,特别是小麦供应的稳定性,成为国家年复一年农业生产的主要难题。

本节将对全球小麦需求较高的几个地区——南美洲、亚洲、中东以及北非,进行详尽的分析和讨论。尽管这些地区各具特色,但区域内均存在庞大人口数量的国家或是世界级的强国,皆面临着如何养育日益增长的人口,以及如何利用国际市场来实现这一目标的战略考量。

南美洲:小麦诅咒

在讨论农业领域的地缘政治挑战时,拉丁美洲的重要性不容忽视。这个区域拥有广阔的土地,对许多国家而言,在拉丁美洲的农业活动是其战略发展计划的核心部分。因此,拉丁美洲在全球多种农产品市场中占据了举足轻重的地位，包括大豆、玉米、大麦、棉花、糖、咖啡、乙醇、烟草、皮革、橙汁、木瓜、禽肉和牛肉等农产品。以巴西为例，该国已成为全球顶尖的农产品出口国之一。从2000—2020年，巴西的农产品出口量持续增长。2020年，巴西的农产品出口额达到了1200亿美元，占当年全球农产品出口总额的8%。就出口量而言，巴西以1.85亿吨的记录，占全球农产品出口量的12%，相比于21世纪初的数据增长了六倍。

然而，不论在巴西，还是在更广泛的南美洲，小麦在谷物和粮食作物种植中的确存在明显缺口。根据2018—2022年的平均数据显示，拉丁美洲每年生产约1.7亿吨玉米，而小麦的产量仅为3000万吨，低于法国的全国产量。南美洲占全球大豆产量的55%，玉米产量的15%，但小麦产量仅占全球的4%。当这一分析聚焦于巴西时，数据显示：巴西的大豆产量占全球总产量的35%，出口量占全球总量的50%；玉米产量占全球总产量的10%，出口量占全球总量的20%；而小麦产量占比则不足1%。尽管南美洲的大豆、玉米等农产品大量出口至全球各地，但小麦的情况却大相径庭。南美洲平均每年需要从全球其他地区进口1500万吨小麦，对于这个被誉为"世界农场"的次大陆所面临的挑战而言，原因和解决办法可能需要从土壤因素、气候条件、政治因素以及经济因素上入手。

严苛的种植条件

南美洲大部分地区位于赤道附近或热带气候区域，高温和湿润条件明显抑制了小麦作物的生长，即便在相对凉爽的冬季进行种植，小麦亦易受到各种病虫害的侵扰。以小麦锈病为例，这种真菌性疾病对小麦本身及其产量造成了毁灭性影响。历史上，如同 20 世纪 50 年代美国在热带地区成功开垦农田一样，人们在南美洲的热带地区发现了适宜玉米生长的土地。在众多农作物中，玉米占据了最大的种植面积。正如小麦成为欧洲及地中海文明的象征，玉米也成为当地文明的代表性农作物，对前哥伦布时代的文明发展起到了关键作用。事实上，"玛雅"一词在当地语言中即指玉米，这反映了玉米在当时社会中的重要地位。玉米至今仍然是拉丁美洲的经济支柱之一。在 2016—2021 年，阿根廷和巴西以 1.5 亿吨和 1.43 亿吨的产量，分别成为世界第二和第三大玉米出口国。与其他许多动植物品种的传入方式类似，小麦最初是由欧洲殖民者引入南美洲，其他如马、牛、山羊、甘蔗、茶及咖啡等亦同此情形。15 世纪末，克里斯托弗·哥伦布（Christophe Colomb）在第二次航行期间，将一些谷物种子带到南美洲，这些种子适宜在海拔 2000~3000 米的高原上种植。此后来自威尼斯的商人开始在阿根廷种植欧洲的小麦品种，尤其是在南回归线附近，即今日的乌拉圭、阿根廷及智利南部。

纵观历史，小麦种植历经波折，地理选择极为受限。鉴于南美洲的辽阔领土，该地区必须重新审视物流所面临的挑战，物流是将其农业产出与全球市场连接起来的关键。南美洲的农产品产地通常位于距离靠近大西洋和太平洋的港口很远的地方，加之出口需求的持续增长，物流挑战日益显著。一旦基础设施得到加强与优化，南美洲的农业发展将明显加速。自2010年以来，中国通过建设跨大洋走廊，在"一带一路"倡议下的投资，持续推动该地区基础设施的进步。巴西面临的挑战主要集中在内河航运的基础设施建设，特别是桑托斯、南里奥格兰德和巴拉那三个河港。相比之下，阿根廷面临的挑战则更为迫切，阿根廷作为南美洲唯一的小麦出口国，虽然拉普拉塔河沿岸的基础设施相对发达，特别是作为南美洲主要谷物出口港口的罗萨里奥，但南美洲的农业物流系统需要时刻与玉米和大豆（包括谷物、油饼和油）的出口需求保持同步，而这两类产品的出口量显然高于小麦。于是，更不利于阿根廷小麦出口的原因出现了：阿根廷小麦出口季节与其他主要谷物的出口季节相反，这加剧了物流和市场接入的挑战。

巴西、智利：缺乏尝试

对于智利而言，18世纪被称为"小麦世纪"（siglo del trigo）。这一时期，受到欧洲的深远影响，智利小麦产业发展迅速。自1687年起，智利开始大规模向秘鲁出口小麦，此时，正值秘鲁遭受地震和小麦锈病双重灾害的侵袭，本土小麦产量大幅下降。与此同时，安第斯山区的采矿业热度不减，因此迅速增加的食物需求，加剧了秘鲁的粮食危机。进入19世纪，美国加利福尼亚的淘金热第二次对智利小麦产业的未来产生了深远影响。最初，淘金热促进了美国东海岸帆船的建造和使用，快速航船满载小麦从美国东海岸抵达西海岸。随着美国本地农业的迅速发展，智利向美国等北美新兴强国出口小麦的历史逐渐落幕。从智利瓦尔帕莱索港出发的船只也成功打开了澳大利亚市场。澳大利亚社会经济的快速发展，带来了该国对粮食需求的剧增。然而，与美国和加拿大类似，澳大利亚在 18 世纪末也经历了一波小麦种植热潮，逐步减少并最终停止对小麦的进口。整个 19 世纪，智利小麦持续供应英国市场。然而随着时间的推移，智利的小麦出口逐渐减少，直到 20 世纪初，智利转变为世界小麦市场的净进口国之一。

巴西，占据南美洲近一半的人口和面积，面对小麦产业的挑战，呈现出了一个引人注目的例子。尽管巴西是世界上主要的糖、大豆和玉米的出口国，但它同时也是世界上最大的小麦进口国之一，近年来的进口量平均达到了 700 万吨。与其他南美洲国家一样，自 16 世纪，第一批欧洲殖民者抵达巴西并开始种植小麦以来，特别是在巴西的南部地区，小麦种植活动已经较为普遍。直到 1930 年，巴西国内的小麦生产仍旧无法满足市场需求。面对 1929 年全球经济危机并随之而来的全球原材料价格的急剧下降，巴西政府决定调整国内的市场战略，寻求通过提升国内生产的方式来替代对外进口。因此，巴西政府采纳了一系列创新措施，尤其是在巴西最南部，促进小麦种植业的发展，并建立试验站进行监控，保障小麦价格自 1938 年以来稳定于低位。尽管政府采取了新的政策和措施，它们在提升巴西小麦产业中的作用仍显得相当有限。20 世纪 60 年代初，巴西小麦的总产量尚未达到 30 万吨的水平。到 70 年代，巴西小麦的产量才突破 200 万吨大关。直到现在巴西小麦产量仅维持在 500 万~600 万吨，对于一个领土广阔，在农业领域抱有雄心壮志的国家来说，这一数字显得微不足道。造成这种情况的原因并非政策激励措施本身所致，这些措施包括为生产者提供最低价格保障、规定市场与买方价格，以及政府全面主导市场等。实际上，问题在于 1930—1990 年，实施的政策所引致的后果——政策效果与预期相悖的情况。首先，小麦质量未能满足本国市场的需求；其次，小麦收成不佳，同时期的国家面粉厂规模过大；最终这导致巴西对小麦的进口量连年上升，而小麦产业所涉及的公共财政开支过大。为了解决上述问题，20 世纪 80 年代，巴西小麦产业再次被纳入国家经济自由化的进程。到 1990 年，巴西的小麦的年产量减少至 330 万吨，比 80 年代末期减少了 200 万吨。

巴西政府的策略极其简单明了，完全是李嘉图式的：即充分发挥国家的比较优势——巴西生产并出口更多的玉米与大豆，以便有足够的能力进口所需的小麦。这一策略是在中国市场对外开放的国际背景下提出的，中国作为一个有着巨大粮食需求的亚洲大国，已经成为玉米和大豆的主要进口国。利用作为世界主要大豆和玉米生产国的优势，巴西与中国建立了优先合作关系。此外，自 20 世纪 80 年代中期起，巴西开始推行一项区域一体化战略，最终于 1995 年 12 月，成功促成了南美共同市场（Mercosur，Mercado Común del Sur）的成立。该协议覆盖了巴西、阿根廷、巴拉圭和乌拉圭，旨在通过设定 10% 的共同外部关税，促进小麦贸易的自由化。协议还强调了区域间的互补性，特别指定阿根廷成为维持区域小麦市场平衡的关键。尽管自20世纪90年代初以来，巴西的小麦产业已经进行了重组，但小麦的自给率仍难以达到50%。2000—2015年，随着巴西经济的增长、中产阶级崛起以及人口城市化，小麦消费量从每年800万吨增至1200万吨。此后，这一增长趋势出现了停滞，巴西的小麦消费量保持在稳定水平。

阿根廷：产业链缺失

阿根廷拥有广阔的国土，大部分地区享受着温和的气候条件，这为小麦的生长提供了极为有利的自然环境。自19世纪下半叶以来，伴随着大规模的移民浪潮，大量的欧洲人尤其是来自意大利的移民，纷纷迁往阿根廷，加深了阿根廷与欧洲的联系，欧洲移民触发的社会及人口结构变化，最大限度地挖掘阿根廷地理环境的潜力。这批欧洲移民中，不乏精通小麦种植的农民。从另一个角度看，移民对面包的增加需求直接促进了阿根廷小麦消费量的增长，为阿根廷小麦种植业里程碑式发展提供了强大的动力。此外，阿根廷的高质量土壤和优越的气候条件为小麦生长提供了理想的条件。随着阿根廷小麦种植业的大规模发展，其生产结构经历了重大革新，展现出强劲的国际竞争力。在此背景下，全球领先的大宗粮食交易公司（当时称为邦吉与博恩的邦吉公司），在发展初期便显示出对阿根廷小麦产业的浓厚兴趣。这家发源于荷兰的公司与阿根廷进行合资合作，开展了一系列扩张活动，包括购置土地和投资磨坊，不久便在阿根廷小麦产业中占据了领导地位。1910年，该合资企业在小麦和面粉市场上的占有率达到了80%，几乎垄断了阿根廷的市场。阿根廷也因此在19世纪末成为国际上一个重要的小麦出口国。这种围绕农产品及相关产业的快速发展，以及由此短期内带来的巨额财富，引起了部分国民对阿根廷政府小麦政策及经营模式的质疑。1946年，庇隆政府创立了政府机构，阿根廷国际交流促进所（IAPI），旨在实现阿根廷小麦采购与出口的集中管理。此举意图通过控制通货膨胀、确保生产者获得公正的价格，并防止行业利润被私人寡头垄断，以维护国家和生产者的利益。但遗憾的是，这一政策最终未能达到预期效果。尤其在第二次世界大战结束后，随着全球谷物价格的下跌，这一政策导致了国家财政的巨额赤字。1955年，阿根廷政府宣布取消这项政策。在此期间，政府在制定关乎阿根廷小麦产业未来发展战略的政策时，显现出拖延的现象。

尽管到20世纪末，阿根廷仍属于世界小麦出口国的前列，每年向国际市场提供800万~1100万吨的小麦，但在2001年的经济危机中，小麦产业同样受到冲击。危机虽然带来了挑战，也为国家提供了介入小麦产业、打破传统运作模式的机会。2002年，阿根廷政府引入小麦出口税，初衷是为处于恢复阶段的国家财政注入资金。小麦出口税最初设定为货值的10%，随后每年递增。伴随着粮食出口禁令、产业内部重新分配，以及对出口许可的严格控制，政府在小麦行业中的作用日益凸显，甚至引发了一定程度的不满。

政策的实施使得阿根廷小麦产业面临严峻的挑战。农民因行业动荡遭受经济损失，随即开始组织抗议活动。2008 年，阿根廷农业地区爆发了反抗运动，力图迫使政府作出妥协。在这一艰难的背景下，农民深刻体会到政府农业政策的负面影响，特别是在小麦种植领域，农民迫切需要的是政策的长期稳定性和可预测性。由于缺乏足够的激励措施，阿根廷逐渐失去了在小麦种植上的竞争优势，种植业的焦点转向了大豆、玉米或大麦等作物，相比之下，这些农作物面临的政府出口限制较少。在此必须强调，农产品占据阿根廷出口的半壁江山，但对国家经济产生了重大影响。

因此，小麦往往被作为调整变量，陷入了阿根廷政策的困境中。随着政权的交替，经常经历剧烈的农业战略带来的转变，同时，也面临治理问题与农业专业领域的关系所带来的持续挑战。1990—2010 年，阿根廷小麦种植面积平均为 500 万 ~600 万公顷。在此之后，种植面积一度减少至大约 400 万公顷，但于近期有所恢复。目前，阿根廷的小麦种植面积约在 600 万公顷波动。尽管如此，小麦的产量依旧偏低，仅为每公顷 3 吨。特别是近年在气候多变，以及出口贸易政策反复的双重加成下，阿根廷的小麦产量和小麦出口贸易都表现出非常不稳定的态势。但自 2015 年起阿根廷全球的小麦销量稳定在每年 1000 万吨以上，成为世界上小麦的主要出口国之一。在阿根廷小麦的主要出口国中，巴西居于首位，占阿根廷小麦出口量的 40%；印度尼西亚位列第二位，占出口量的 20%。其余国家按地域和近年来的接收阿根廷小麦出口量的占比划分，分别为邻国（智利、玻利维亚），亚洲国家（泰国、越南、孟加拉共和国）以及非洲国家（埃塞俄比亚、肯尼亚、尼日利亚）。

虽然 2021 年阿根廷创下了 2200 万吨的小麦收获纪录，但仍未避免气候突变的负面影响。2022 年阿根廷遭遇严重的干旱，导致小麦产量下滑，进而对小麦出口产生了显著影响。这一变化对阿根廷小麦的主要贸易伙伴——巴西，产生了更不利的影响，迫使其增加从美国和俄罗斯的小麦进口量。巴西总统卢拉在其第三个任期的开始，认识到必须通过基因技术创新来加强巴西的小麦生产能力，从而降低对外部冲击的依赖。与此同时，阿根廷已经采取了先见之明的措施。2020 年阿根廷在成功种植转基因玉米和大豆后，成为全球首个开始种植转基因小麦的国家，并于2022 年启动了转基因小麦的贸易活动。这种名为 HB4 的耐旱小麦品种，是阿根廷企业 Bioceres 与法国种子公司佛洛利蒙·德佩（Florimond Desprez）合作研发的成果，被视为维持阿根廷在农业生产性能，国际小麦供应市场中地位的关键。目前，仅巴西、哥伦比亚、澳大利亚和新西兰批准使用由这种 HB4 小麦生产的面粉。尽管该创新项目引发了广泛的公共讨论，阿根廷农业部长在2022 年 5 月为该国采用 HB4 技术进行小麦种植做了辩护，阿根廷的目标是在十年内，将小麦产量稳定在 2500 万吨以上，并确保每年至少有 1500 万吨的出口量。此举预计使阿根廷保持其在全球小麦出口市场 7%~8% 的份额，这个目标对政府、生产者以及相关企业均构成关键论点。此外，这种区域互补性，特别是在南美共同市场（Mercosur）框架内的合作，从地缘政治角度强调了阿根廷小麦对满足巴西需求的重要性。尽管巴西目前的小麦生产量很低（并且还需观察巴西是否愿意，并能够在未来几年内改变这一趋势），但阿根廷的小麦能够满足巴西国内约 600 万吨的消费需求，这进一步增强了两国间的经济联系和战略合作（表 5-1）。

表 5-1　阿根廷 2000—2021 年小麦生产与出口发展概况

年份	产量（百万吨）	出口量（百万吨）	出口价值（十亿美元）
2000	15.5	11	1.2
2001	16.1	12	1.3
2002	15.4	6	1.1
2003	12.4	7	0.9
2004	14.7	14	1.4
2005	16.1	8	1.3
2006	12.7	12	0.5
2007	14.7	10	2
2008	16.5	9	2.6
2009	8.5	5	1
2010	9.1	8	0.9
2011	16.1	12	2.5
2012	14.7	7	2.9
2013	8.1	2	0.7
2014	9.2	5	0.6
2015	13.9	10	1
2016	11.3	14	1.9

年份	产量（百万吨）	出口量（百万吨）	出口价值（十亿美元）
2017	18.4	13	2.4
2018	18.5	13	2.4
2019	19.5	14	2.3
2020	17.6	11	2
2021	22.1	14	2.6

数据来源：FAO，USDA。

南美洲：饥荒回归

21世纪初，南美洲的经济呈现出一定的活力，居民购买力有所提高，促使许多人逐渐脱离贫困状态，能够享受到更广泛的商品和服务，以及更高水平的粮食安全保证。以巴西为例，21世纪初期，由时任总统卢拉推动的"零饥饿"计划，成为此类努力的象征性案例。然而，随着时间的推移，一系列的经济与健康危机连续不断地冲击了南美洲的社会结构，导致该地区成为全球最不平等的社会之一。2015年，虽然饥饿人口数量减少至1500万，但不幸的是，该数字再次攀升至3500万，占大陆总人口的8%。遭遇中度食品安全问题人口的比例，从2015年的20%，急剧上升至2021年的40%，这表明在短短几年内，约有1亿人面临食品安全挑战。联合国对这一粮食安全趋势，及其可能与金融和能源危机的相互勾连后，所带来的风险表示深切关注，认为这种状况可能会使得未来十年的粮食安全挑战更加严峻。2022年11月，卢拉再次当选为巴西总统，他将解决饥饿问题定为其政府的首要任务。

亚洲：需求激增

过去的几十年，由于人口增长带来的负担，以及为了实现高速经济发展而牺牲自然环境的做法，亚洲地区的粮食安全问题日益凸显。20世纪末期，中国已经开始聚焦于粮食安全问题。直至今日，粮食安全对中国的重要性仍然不言而喻，同时，中国的粮食政策需要细分，以满足庞大人口的需求。而印度面临的挑战在于无法根除国内的饥饿问题。此外，东南亚地区小麦消费量的激增也值得关注。在亚洲的粮食需求结构中，水稻无疑占据首位，但中国和印度却是世界上两个主要的小麦生产国。

面对供养庞大人口的挑战，中国和印度对小麦的需求尤为迫切，毕竟两国人口均达到了14亿人。同时，亚洲有多个国家在世界人口排名中，位列前二十位，包括印度尼西亚（排名第四，人口2.8亿）、巴基斯坦（排名第五，人口2.3亿）、孟加拉国（排名第八，人口1.7亿）、日本（排名第十一，人口1.25亿）、菲律宾（排名第十三，人口1.15亿）、越南（排名第十五，人口1亿）和泰国（排名第二十，人口7000万）。这七个国家的总人口约为

11 亿。如果加上中国和印度，则涉及的粮食消费人口将达到约 40 亿，而欧盟 27 个成员国的人口总数仅为 4.5 亿人，不足印度尼西亚人口的两倍。预计到 2030 年，菲律宾、越南和泰国三国的人口将达到 5 亿，届时将超过欧盟 27 国的总人口数。

中国：粮食隐忧重现？

21 世纪的前十年，中国的小麦产量每年保持在 9000 万 ~1.1 亿吨之间。随着小麦种植业的持续发展，2016—2021 年，中国在 2300 万公顷土地上的小麦产量已达到年均 1.35 亿吨，占全球总产量的 17%，而其种植面积仅占全球耕地的 10%。20 世纪中期至今，中国农产品产量不断攀升，使得国内拥有庞大的小麦产能。值得注意的是，中国决策者历来都十分重视国家的粮食安全。粮食短缺在中国历史上留下了深刻的烙印。但必须承认，中国一直在努力克服粮食困难时期的遗留问题，并积极应对国民营养不良的挑战。随着过去半个世纪中国的快速崛起，自 1990 年以来，中国已有 1.5 亿人摆脱了饥饿状态，国民营养不良率也从当年的 20% 降至现今的 8%。

近年来，中国一直是全球经济增长的关键驱动力。因此，可以恰当地说，在 2000—2010 年这十年间，中国拥抱了全球化，并尝试塑造世界市场规则。这一进程深刻影响了全球农业和粮食事务。中国不仅扮演了战略者的角色，同时也是消费者和受益者。中国之所以被视为战略者，是因为其始终将粮食安全视为首要任务。若无法确保国家农业的强劲发展，建设繁荣的中国将无从谈起。为了养活 14 亿人口，中国政府从粮食的质量和数量两方面着手，为国家粮食安全创造有利条件。其中，粮食质量受到特别关注。随着中国中产阶级的扩大和发展（2020 年占总人口的 50%），中产阶级对健康食品的需求预计将持续增长。公共政策鼓励粮食自给自足，尤其是对于战略性农产品。目前，粮食的自给自足已经实现覆盖全国 95% 的谷物需求。政策通过直接援助、补贴、保证小麦收购价格等多种手段激励农民种植谷物。中国政府每年发布的"一号文件"几乎都强调优先发展农业，提升农业发展水平。这一战略进一步的目标是改善农村生活条件，避免中国内陆地区与东南部沿海城市地区的发展不均，防止沿海和内陆出现分化问题。

尽管如此，中国也被迫将粮食安全问题国际化。国内粮食产量无法满足日益增长的需求。更为突出的是水资源、土地资源和环境问题与粮食生产之间的种种矛盾，迫使中国政府寻求最优解。因此，2010 年前后，中国开始调整农业生产增长，以缓解粮食生产带来的生态问题。这种做法的必然结果是：中国需要在全球粮食市场中寻找并弥补国内粮食生产的不足。因此，新丝绸之路中农业和粮食部分的合作初见成效，即通过物流投资、规范规则和数字创新等一系列举措。尽管国内产量不断增长，但中国已成为农产品原料和粮食的进口大国，在贸易平衡的态势下，粮食领域不断出现赤字。从 2000—2020 年，中国的粮食进口额从 200 亿美元激增至 1700 亿美元。即便在新冠疫情的影响下，2020 年，中国仍进口了超过 2.3 亿吨的农产品和粮食，其中包括 4500

万吨的谷物，创下历史新高。虽然玉米在进口中占据主导地位，但小麦的进口量也在稳步增长，再次超过每年1000万吨的标志性门槛（1980—1995年，中国在国际市场上时常进口超过1000万吨的小麦，1987年、1988年和1991年甚至达到了每年1500万吨的峰值。2010—2020年，这一数字回落至平均每年500万吨）。这一增长不仅具有标志性意义，因为其仅次于埃及和印度尼西亚，而且反映出与2000—2010年相比，中国小麦进口量的显著提升。从另一个角度看，从21世纪开始至今，中国在全球小麦市场的购买量中，有一半是在2016—2021年完成的。虽然这部分购买在全球小麦贸易中占有不容忽视的份额（大约5%），但值得一提的是，这1000万吨仅占中国小麦总消费的7%，表明中国的小麦供应主要还是依赖国内生产（图5-1）。

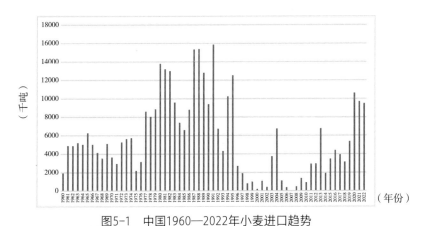

图5-1　中国1960—2022年小麦进口趋势

数据来源：USDA。

总体而言，目前中国的小麦年产量达到 1.4 亿吨，远超过 20 世纪的生产能力，是改革开放初期小麦年产量的两倍。伴随而来的是小麦的消费量同样巨大。1.4 亿吨小麦中，有约 1 亿吨供国民所需，约 3000 万吨用作饲料（专门用作饲料品种的小麦）。因此，中国必须通过国际进口来补充国内收成的不足。鉴于中国耕地天然地力的衰退，以及耕地遭受多种污染的情况，中国的粮食安全未来的方向值得关注。中国粮食的自给能力愈发渺茫，尤其是可耕作土地面积的减少，目前仅为人均 0.09 公顷，而世界人均耕地面积约为 0.24 公顷。这也就表明占世界 8% 耕地面积的中国，却养活了世界 18% 的人口。中国土地荒漠化的态势加速，特别是东北地区，情况尤为严重，这种情况限制了粮食生产大省的产量。城市化的发展，使得耕地被混凝土覆盖，尽管中国的城市化水平已达到 60%，但却以牺牲耕地为代价。在过去的二十年中，中国失去了总计 1000 万公顷的农田。而缺水和干旱也不利于农业的持续发展（图 5-2）。因此，中国对外部依赖的风险可能会增加。

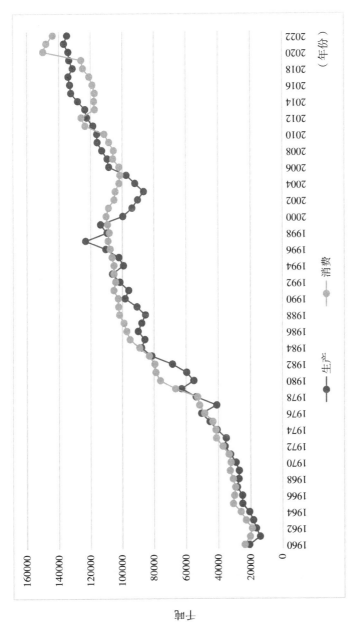

图5-2 中国1960—2022年小麦生产与消费趋势

数据来源：FAO，USDA。

在此背景下，有必要将农业趋势置于更广泛的地缘政治框架中进行审视。面临新冠疫情和非洲猪瘟的双重挑战，中国强化了对外独立性的追求，更加坚定地追求自身的战略目标，并展现出自我创新的能力，在国际舞台上，中国的中粮集团已成为一个不可或缺的角色，未来其可能扮演更加重要的角色。中国与俄罗斯保持着战略性关系，在这种关系中，石油、天然气和谷物资源无疑是双方利益交流的核心。无论如何，中国对原材料的需求迫切，而其中一些原材料显然不会来自非洲或中东……

此外，在中国，生产力主义政策再度兴起，其目的在于摆脱对全球其他地区的依赖。这一策略正逢国际关系中单边主义和主权概念日益强化之际。中国政府清楚地认识到，尽管需要保持从全球市场的供应，但必须尽最大努力确保供应的安全。政府也在修改转基因生物（GMO）相关规定，不仅是为了培育生物，更重要的是，寄希望于基因编辑和新的植物育种技术（NGTs），以及在气候紧张局势日益严峻的情况下，提升国内的生产效率。比以往任何时候都更迫切，政府似乎想要证明，终将是中国人自己养活自己。最后中国已决定加大力度，力争到2060年实现碳中和。虽然到2030年中国将达到碳排放的高峰，但中国正在全力推进成为脱碳经济和绿色技术全球领导者这一战略目标。当然，这必然涉及不可避免的农业转型。在这个过程中，如果创新不能有效提升生产率，且受气候变化影响导致国内小麦产量下降，中国可能会更加依赖全球市场。根据一些研究预测，到2050年中国的小麦收成可能减少 10%，届时中国人口仍达 14 亿，可能迫使中国寻求额外的 1500 万吨小麦，从而满足国内的需求。因此，中国每年可能需要在全球市场购买 2500 万 ~3000 万吨的小麦。如果实现碳中和目标的要求，是促使中国加强国内绿色化，并通过大量从海外采购来确保粮食安全，所需的小麦量甚至可能更高。结果可能是这些进口活动的地缘政治影响将更加显著，中国急于确保供应，而世界其他地区则可能不得不适应这一全球最大经济体的市场需求。

印度：进口国还是出口国？

作为世界第二大小麦生产国，印度的定位难以确定。这在某种程度上反映了这个非典型亚洲国家的总体形象：一个拥有庞大人口、文化和宗教多样性，以及复杂多变地理环境的国家。在印度，东部和南部沿海地区以稻田景观为主，小麦则主要分布在印度的中北部，尤其是北方邦。这些地区特别容易受到气候变化和干旱的影响。2022 年春季在印度发生的悲剧性事件便是一个例证，当时日间气温经常超过 50℃，导致农作物被烤焦，原本预期创造新高的印度小麦产量的预期受到削弱。如此背景下，印度在粮食安全领域面临着持续的不确定性。首先，印度生产的粮食也要满足国内的消费需求。印度小麦的消费量每年已经超过 1 亿吨，较 2010 年增加了 2000 万吨。这个数字在 2000 年时是 6500 万吨，在 20 世纪 90 年代初仅为 5000 万吨。这意味着在过去三十年中，印度的小麦需求翻了一番。如果将时间范围扩展到 1970—2020 年，印度的小麦需求甚至增加了五倍。如今，小麦已经成为印度产量排名第三的农产品，仅次于甘蔗（3.6 亿吨）和水稻（1.2 亿吨）。

然而，生产与消费之间的任何微小差异都依赖于世界市场，无论是进口还是出口。当小麦收成无法满足印度的国内需求时，印度便从国外进口小麦。21 世纪初，印度在下列年份开启了小麦进口：2006 年（700 万吨）、2007 年（200 万吨）、2016 年（600 万吨）、2017 年（100 万吨）。这种情况相对罕见，且进口数量较小。自 2000 年以来，印度累计进口了大约 2000 万吨小麦，因此很难将印度归类为世界主要的小麦进口国。但这并不意味着如果气候变化问题持续加剧，以及 20 世纪下半叶在财政投入和科学研究上所做的大量努力逐渐消退（在冷战背景下，这些努力得到了美国的支持，尽管印度坚持不结盟的外交政策），印度就无法逐步成为重要的小麦进口国。相反，当小麦丰收时，由于缺乏足够的贮存能力，加之关键的贮存基础设施通常效能不高，不当的贮存会导致小麦品质下降。为了避免浪费，印度有时会选择在国际市场上销售这些小麦，旨在为小麦产业链的经营者和生产者创造经济收益，希望借此实现经济的良性循环。自 2000 年以来，印度曾三次在小麦出口领域展现活力，具体如下：第一次，2001 年（300 万吨）、2002 年（500 万吨）、2003 年（600 万吨）；第二次，2012 年（700 万吨）、2013 年（600 万吨）、2014 年（300 万吨）；第三次，2020 年（300 万吨）、2021 年（800 万吨）。在其余年份，印度小麦的出口量较少，每年通常低于100万吨，甚至低于50万吨。当印度小麦进入国际市场时，主要的买家为孟加拉国、中东地区（也门、阿联酋、阿曼）、东非地区（埃塞俄比亚、苏丹、吉布提）以及韩国。最近，印度尼西亚也开始购买印度小麦。

值得注意的是，当印度小麦丰收并达到可以出口的盈余时，通常被视为国际市场上的一个调节变量。首先，印度小麦通常在春季（3~5月）收获，这是其他小麦出口大国不收割小麦的时间。这个时间因素非常重要，它不仅反映了全球第二大小麦生产国（很快成为世界上人口最多的国家）的特点，也使得印度小麦得以进入小麦供应的市场，通常在这个时间段，小麦的供应开始变得紧张并减少，因此，印度小麦占据一定的市场份额。2012年夏天，由于俄罗斯和美国产量表现不佳，特别是严重的缺水问题，导致谷物价格上涨，造成市场的再平衡，迫使各方在面对每一次严重危机时，不得不寻求实际可行的解决方案。因此，印度在2012—2013年贸易季，意外成为全球小麦出口国大家庭的一员。随着2022年2月俄乌冲突的爆发，小麦价格飙升至历史新高，全球目光迅速转向印度，期待印度能够在几周内，弥补全球市场上乌克兰小麦的缺口。印度前几年的收成创下历史纪录，超过了1亿吨。当时，民族主义首相纳伦德拉·莫迪（Narendra Modi）展现出了国际主义立场："如果世贸组织允许，印度可以养活世界"，他在2022年4月做出这样的声明，并确保这一信息传达给了欧洲领导人和美国总统约瑟夫·拜登（Joseph Robinette Biden Jr.），他们都寄希望于印度成为乌克兰战争加剧后全球粮食危机的救生圈。超过1000万吨的印度小麦已经做好出口的准备，众多进口国和行业运营商也急切地响应这一承诺。然而，几周后极端气候事件使得这场外交热潮戛然而止，遭受干旱和异常高温的侵袭后，印度的小麦库存严重受损，预期的丰收并未兑现。2022年，印度小麦的出口量顶多能达到700万吨，甚至可能在年末进口小麦，以补偿春季过于慷慨的出口。这一转变很大程度上解释了为什么印度政府在做出承诺并发表了声明后，还是在2022年5月突然宣布对小麦出口实施禁令，导致已经飙升的国际市场小麦价格进一步上涨。同时，面对2022年下半年可能出现的供应紧张的局面，印度国内的小麦价格也在上升。尤其在粮食价格持续上涨的背景下，将对消费者产生进一步影响。虽然2013年通过的《粮食安全法案》，让超过8亿的印度人能够获得补贴粮食，但大多数家庭仍然因为购买力不足，面临着食物短缺的困境。

印度是否有潜力成为世界主要的小麦出口国？这是一个复杂的问题，答案可能会随着不同年份甚至同一年内的不同月份而变化。甚至在2022年，情况也是如此。但可以确定的是，自1947年印度独立以来，印度政府一直将粮食安全视为首要任务。时任首相贾瓦哈拉尔·尼赫鲁（Jawaharlal Nehru）曾声明："所有其他的事情都可以等待，唯独农业不能等待。"在这个"绿色革命"的国家，小麦产量一直具有战略意义，因为印度的目标是实现粮食的自给自足，这一目标直到 20 世纪 70 年代末才得以实现。随着印度人口的增长和中产阶级的崛起，粮食需求量激增。进入 21 世纪，印度粮食需求的增长速度有所放缓，但增长动力仍然存在。尽管印度人很少吃肉，谷物用于喂养牲畜的比例较低，但这方面的需求也在增长。与此同时，小麦的消费量增长较快，目前，印度的小麦消费量已经与水稻消费量相当。深入理解印度在粮食安全领域的地缘政治挑战，需要回顾一些基本情况：印度拥有约 180 万平方千米的农田，约占全球总量的 4%，在不远的将来需要养活地球上 20% 的人口。三分之二的印度人仍然居住在农村，40% 的印度人从事农业生产工作。超过 80% 的农田单独面积不足 2 公顷，自给自足型农业仍占主流。全球仍有三分之一的饥饿人口生活在印度。鉴于所有这些因素，印度政府不能牺牲国内的利益来满足全球的需求。

因此，印度在全球小麦市场作为出口国的地位可能继续以一种机会主义的方式存在。然而，这个强有力的假设不应掩盖另一个同样重要的事实：在某些年份，印度的小麦进口量是显著的，因为印度并没有逃脱气候不稳定造成的影响，也没有摆脱可能削弱农业生产的内部动荡。印度农民的困境和持续的不满，已经到了引发国内大范围停滞的地步，这种情况需要引起高度关注，因为已经成为印度社会的常态，未来可能也将如此。2020 年，印度推动的农业改革在国内触发了广泛的抗议活动，甚至使首都陷入瘫痪，导致莫迪政府最终停止了这项改革。

东南亚：始于世纪初的"爆发"

21 世纪初，东南亚已经成为世界重要的小麦进口区之一，尤其是印度尼西亚、菲律宾、越南和泰国。这四个国家共拥有 5.7 亿人口，因此，四国在国际市场上的小麦进口量逐年递增。在 2020—2022 年间，这四国的年均小麦进口量为 2400 万吨，而在 2010 年，其年均进口量为 2000 万吨（图 5-3）。在 21 世纪的头十年，这一数字为 1000 万吨。目前，四国的小麦进口量相比 21 世纪初的十年上涨了 140%。自 2000 年以来，这四个东南亚国家共进口了超过 3.7 亿吨小麦，其中印度尼西亚占 1.7 亿吨，菲律宾占 1 亿吨，越南占 5500 万吨，泰国占 5000 万吨。同期，中国累计进口了 8000 万吨小麦，当时号称世界上最大小麦进口国的阿尔及利亚，进口量为 1.5 亿吨。另外，值得补充的是东南亚其他国家目前的小麦进口数据：马来西亚每年 200 万吨，新加坡和缅甸每年各 50 万吨，柬埔寨的数据相比之下显得微乎其微。目前，东南亚诸国每年进口的小麦约为 2700 万吨，占全球采购量的 14%。未来几年，随着人口结构的变化以及饮食习惯的转变，例如东南亚居民日渐接受并喜爱面包、饼干和甜点等食品，小麦的进口量将继续提高。伴随这些变化的是小麦进口国对小麦的产地溯源及小麦的质量有了更高的要求。大多数小麦出口国并没有放弃这块"蛋糕"。美国、加拿大、澳大利亚、俄罗斯、乌克兰以及阿根廷正努力加入这场争夺战略消费空间的竞争，并伺机取得胜利。而同为小麦出口国的欧盟和法国则相对低调。

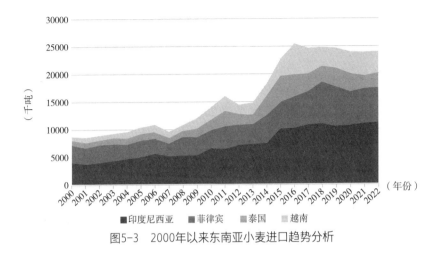

图5-3　2000年以来东南亚小麦进口趋势分析

　　同样不容忽视的是其他长期依赖小麦支撑的亚洲国家。孟加拉国位于印度和中国之间，该国贫困、人口稠密、自然资源匮乏。2015 年前后，孟加拉国的年均小麦进口量已超过 500 万吨。尽管水稻是孟加拉国的主要消费粮食，但其小麦购买力仍呈上升趋势，从 2000—2021 年增长了一倍。因此，孟加拉国仍然是世界上重要的小麦买家之一，主要从俄罗斯和乌克兰采购小麦。鉴于黑海北部地区的持续冲突，以及孟加拉国自身粮食安全的结构性问题，该国短期内在粮食安全领域将面临诸多风险与挑战。日本也是小麦的主要进口国，在过去 50 年其小麦进口量相对稳定，每年约为 500 万~600 万吨。其供应商包括美国、澳大利亚和加拿大。韩国每年需要进口 300 万~400 万吨的小麦，这同样是一个不容小觑的市场，也吸引了西方出口国的竞争。最后西亚地区，特别是阿富汗和巴基斯坦的情况也不应被忽略。西亚地区每年需要进口小麦 300 万 ~400 万吨，而阿富汗和巴基斯坦两国的小麦需求不稳定，介于 200 万 ~400 万吨。然而，将"阿富巴基"[1]地区置于全球视角中，其小麦购买潜力可达每年 500 万 ~1000 万吨，由于该地区的地缘政治危机频发，这是影响小麦购买潜力的重要因素。

澳大利亚，大洋洲农业强国，小麦种植的领头羊

澳大利亚的农产品产量虽然仅占世界的 1%，但其中 70% 用于出口。得益于其丰富的农产品类型和广阔的地域，澳大利亚在世界农产品市场中处于领先地位。尽管与经济合作与发展组织（OECD）的其他国家相比，澳大利亚政府对农业的支持相对有限，但这种支持是长期并持续的，因为政府清楚地认识到国民经济在很大程度上依赖于农业收益。目前，澳大利亚农业每年可带来 800 亿美元的附加值。由于澳大利亚需要履行《巴黎气候协定》下的气候领域承诺，因此对农业的研究和创新的投入不断增加。

澳大利亚是世界上最大的小麦出口国之一，近年来出口量在 1000 万 ~2500 万吨之间波动。由于澳大利亚小麦的收获季节存在差异，使得总体出口量呈现波动。2021 年，澳大利亚打破出口纪录，全年出口小麦达到 2700 万吨。然而，在 2002 年、2007 年、2008 年和 2019 年，出口量不足

1000 万吨，这是澳大利亚小麦走向更长远发展必须克服的挑战。实际上，由于国内消费能力有限，澳大利亚三分之二的作物用于出口。与其他国家的作物一样，占据澳大利亚种植面积一半的小麦，同样服务于全球市场。自 21 世纪初以来，澳大利亚成为亚太地区农业的活跃分子，其农产品在中国、东南亚及韩国占有一席之地。这些国家和地区谷物消费的增长有利于澳大利亚小麦行业的发展。例如，中国的小麦品种较弱，通过小麦杂交，澳大利亚小麦可以成为天然的改良剂，进而提高中国小麦的质量。

尽管如此，上述情况仍对澳大利亚小麦的地缘经济造成了影响。由于中国的进口商有时不够挑剔，导致澳大利亚的生产方出现愈发注重数量、忽视质量的趋势。这使澳大利亚无法满足像日本这样的老客户的需求，日本的烹饪传统要求使用特定品种的小麦，而澳大利亚逐渐种植更高产量但质量较低的小麦来替代日本所需的小麦。澳大利亚小麦出口量的激增也归因于中东地区的需求。澳大利亚通过印度洋与中东地区建立了直接的海上通道，为澳大利亚小麦出口到中东地区提供了良好的基础。

最近，由于澳大利亚和中国因一些外交争议，两国贸易领域发生不少争议。澳大利亚农业因此面临诸多不确定性，出口到中国的农产品数量减少，需要寻找其他贸易方向。非洲可能是未来的一个选项，印度同样适用。如果中国放弃进口澳大利亚的粮食而选择其他国家，澳大利亚将失去进入中国市场的机会，甚至可能主动放弃进入中国市场。值得回顾的是，澳大利亚和中国都是《区域全面经济伙伴协定》（RCEP）的签署国，该协定于2022年生效。作为世界上最大的自由贸易协定，《区域全面经济伙伴协定》（RCEP）涉及亚太地区15个国家，超过20亿人口，涉及国家的GDP总量占全球的30%。

中东和北非：过度依赖

如果存在一个对小麦极度渴求的地区，那么中东和北非地区首当其冲。小麦是中东和北非地区人民饮食中的主要谷物来源，同时也是该地区进口量最大的农产品。为了防止社会政治问题的发生，政府将大量公共补贴投入小麦领域。

"世界第一"

在对小麦的战略分析中，地理和人口增长问题的影响早已显现。中东和北非地区面临着最为严峻的自然条件限制，尤其是水资源的极度匮乏以及一些国家随着人口增长而加剧的用水压力。可耕作土地的余量有限，换句话说，适合农业活动的土地几乎已被完全开发。中东和北非地区的降雨稀少且不稳定，气候变化引发的干旱，对该地区目前和未来的影响远远超过世界的其他地区。在这样不利于农业生产的自然条件下，中东和北非地区在近50年的人口增长，无疑加剧了该地区未来粮食需求的脆弱性。过去的半个世纪，该地区的人口从1.4亿增长至4.8亿。以北非地区（包括摩洛哥、阿尔及利亚、突尼斯、利比亚和埃及）为例，该地区的人口不断增加，从1950年的5000万增长至2020年的2.5亿。根据联合国的最新预测，北非地区的人口将在2050年达到3.2亿，百年间增长超过六倍，而全球人口大约增加了四倍。因此，从关注全球粮食安全的悲观方面看，合乎情理地将对未来的担忧转化为对中东和北非地区的忧虑。特别是当这些动态因素与各国的地缘政治紧密相连时，而该地区的地缘政治又长期不稳定，导致近年来中东和北非地区的粮食问题呈现恶化趋势。

中东和北非地区是世界上对粮食安全依赖最为严重的地区之一。1960年以来该地区对农产品的需求增长了六倍。目前该地区超过40%的农产品消费依赖于国际市场，是50年前的四倍。中东和北非地区的国家，在需求上存在明显的差异。目前进口到该地区的粮食中，有一半流入马格里布国家或埃及。中东和北非地区对粮食的依赖主要体现在对谷物的需求上，每消费两吨谷物中就有一吨依赖进口。特别是对于小麦而言，像阿尔及利亚或约旦这类国家，进口的比例超过三分之二；对于黎巴嫩和也门，超过90%的小麦需从外部进口。从21世纪初至今，中东和北非地区小麦进口量持续增长。对于北非地区而言，小麦进口量从2000

年的 1800 万吨增长到 2022 年的 3000 万吨，增长了 67%；对于中东地区而言，这一数字增长了 119%，从 2000 年的 1600 万吨增至 2022 年的 3500 万吨。尽管中东和北非地区小麦进口量的增长幅度小于同期东南亚地区的增幅，但相比于人口数量，中东和北非地区的需求量却相当巨大。从 21 世纪初开始，北非和中东地区每年占全球小麦进口总量的三分之一，而该地区人口仅占全球总人口的 6%。这种集中只体现在统计数据上，并未形成反向的战略力量平衡：各国都在独立行动，如果这些孤立的小麦购买国能够像"反向的石油输出国组织"那样组织起来——通过进口小麦而不是出口石油，它们可能会获得一定的临界规模[2]。然而，在一个地缘政治分裂如此严重的地区，这种设想显得不切实际。

目前，中东和北非地区每年消费小麦总计 1.1 亿吨，相比 2000 年初增加了 3500 万吨（表 5-2）。从 20 世纪 80 年代开始，埃及已经成为世界上最大的小麦进口国。21 世纪初至今，埃及的小麦进口量从 1300 万吨增加至 2100 万吨。土耳其的小麦进口量每年增长幅度相对平稳，但早在 2000 年土耳其的小麦进口量已经达到 2000 万吨。阿尔及利亚作为世界上第三大小麦买家，在过去二十多年中，其年小麦消费量已从 600 万吨升至 1100 万吨。如果将时间线压缩为一天，并转换为大众所熟悉的计量单位，那么这一测量结果会更加直观。中东和北非地区每年消费的 1.1 亿吨小麦，相当于每天消费 30 万吨，每分钟消费约 20 万千克！当然，中东和北非地区有充分的理由对这一事实提出质疑，因为并非只有中东和北非地区的小麦消费量如此庞大，欧盟 27 国每年的小麦消费量也达到 1.1 亿吨。但这两者之间的最重要差异：欧盟仅有一半的小麦直接供应居民，而在中东和北非地区，超过 80% 的小麦直接供应居民。在欧盟的小麦消费中，仅有 4% 依赖进口，而中东和北非地区这一比例达到了 60%。

表 5-2　中东与北非地区 5 个关键国家的小麦进口、生产与消费趋势（以百万吨计）

	埃及			土耳其			阿尔及利亚			伊朗			摩洛哥		
	进口	生产	消费	进口	生产	消费	进口	生产	消费	进口	生产	消费	进口	生产	消费
总计 2000/ 01— 2004/ 05	34.8	38.5	65.5	4.2	103.6	83.8	25.6	9.1	33.3	13.9	57.9	73.4	14.1	16.6	31.4
总计 2005/ 06— 2009/ 10	43.0	41.2	80.7	4.2	86.8	83.6	25.6	9.1	40.4	13.9	66.3	77.6	14.5	24.5	37.4
总计 2010/ 11— 2014/ 15	52.0	40.7	92.6	21.4	85.3	88.2	34.2	15.3	47.1	18.8	70.0	82.5	19.5	26.6	43.4
总计 2015/ 16— 2019/ 20	60.7	41.9	98.8	32.4	94.3	91.5	39.4	17.0	52.8	9.9	73.3	83.5	22.1	24.7	51.6

	埃及			土耳其			阿尔及利亚			伊朗			摩洛哥		
	进口	生产	消费	进口	生产	消费	进口	生产	消费	进口	生产	消费	进口	生产	消费
2020 — 2021	12.1	8.9	20.6	8.1	18.3	20.6	7.7	3.9	11.3	2.2	15.0	17.4	5.2	2.6	10.4
2021 — 2022	11.5	9.0	20.5	9.5	16.0	20.2	7.8	3.1	11.4	7.7	12.0	18.2	4.8	7.5	10.6

数据来源：根据美国农业部数据进行的计算与阐述。

　　由于中东和北非地区小麦的增产情况不佳且不稳定，因此来自国际市场的小麦供应在很大程度上填补了该地区小麦的赤字。中东和北非地区每年消费的 1.1 亿吨小麦中，有 6500 万吨依赖进口。这意味着大量的小麦来自区域外部，需要全年防止进口的中断。埃及、阿尔及利亚、伊朗、伊拉克、摩洛哥、土耳其、沙特阿拉伯、也门以及黎巴嫩均位列世界进口小麦前二十的国家。毫无疑问，全球小麦出口商在小麦销售的各种渠道中，将中东和北非地区置于首要位置。如果说美国、法国、德国、阿根廷或澳大利亚现在正占据着市场，那么近十年来，黑海沿岸小麦在中东和北非地区的占有率大幅提升，俄罗斯、乌克兰和罗马尼亚已经成为该地区小麦市场的主要供应商。

　　对于中东和北非地区的国家而言，寻找能够大量进口小麦的未来途径至关重要。然而，这种数量上的需求平衡，并非没有经济后果。更多的进口意味着需要持续关注小麦出口国价格的上涨。在这种情况下，小麦供应方需要展开全方位的竞争。实际上，对于任何一个进口国而言，尽管国家的相关部门和私营公司有着不同的行事风格，但这无疑有利于中东和北非地区的国家，而且这些国家也变得越来越挑剔。因此，供应方需要在各个方面具备竞争力，从而赢得投标。这些方面包括小麦的价格结构（包括小麦本身的价格、运费、保险），以及小麦的规格和质量，还包括物流的效率、小麦供应商的交货时间，以及售后服务等一系列现代化技术的支持。此外，供应商与中东和北非地区国家之间的敏感性也在增加。在小麦市场中，参与者的心理因素和行为因素对生产者／出口国和进口国都是至关重要的参数，这些因素的重要性不亚于价格、产地或运输等方面。换句话说，这些国家的小麦行业从业者需要具备精湛的战略眼光。因为小麦不仅是一种至关重要的商品，还带有独特的社会政治含义。正是基于这些因素，过去几年，俄罗斯在全球粮食征服战略中，已经全面研究这些因素，并将其利用到极致，使得俄罗斯现已成为中东地区的主要小麦供应国，并正在寻求在北非市场取得突破。

土耳其：全球面粉面食领导者

如果说土耳其目前是世界上最大的小麦进口国之一，

那么自 2017 年以来，土耳其已成为俄罗斯小麦的最大出口目的地，同时，该国的小麦产量占据整个中东和北非地区的三分之一。然而，值得说明的是土耳其将部分小麦（无论是本国产出还是国外进口）加工成面粉后再进行出口，其在这一细分市场中占据了全球 25% 的份额。自 2015 年起，土耳其每年的面粉销量达到 300 万吨，而在 2004 年前，这一数字还不到 100 万吨。土耳其的面粉主要出口到中东地区的伊拉克、也门、叙利亚，以及非洲的安哥拉和苏丹，同时也销往全球 160 多个国家，产值超过 10 亿美元。土耳其也是世界第四大面食出口国，占据全球市场份额的 7%。其主要市场再次聚焦于非洲大陆。这似乎表明非洲国家对土耳其国际农业贸易版图的扩张具有战略意义。土耳其的对非外交政策涵盖了文化、军事、经济和粮食四个方面。

政治自愿主义的挑战[3]

过去的半个世纪，许多国家的政府都制定了旨在发展谷物种植的政策。然而，值得注意的是直至今日，中东和北非地区的所有国家仍然是小麦的净进口国。即便在近几十年的观察中，中东和北非地区的收成虽有所增加，但相比世界其他区域，尤其是发展中国家，该地区的产量仍然落后。在 20 世纪 60 年代，中国的小麦每公顷产量与北非国家相当，而今天两者已相差甚远。目前，两者的年小麦消费量接近，北非地区为1.1亿吨，中国为1.4亿吨。然而，两者的人口基数存在差异，北非地区国家的总人口仅为中国的三分之一。中东和北非地区的劳动生产率也是一个严峻的问题，其严重程度甚至超过了自然条件对该地区的限制。因此，中东和北非地区有限的生产表现、气候变化和人口增长的趋势以及对粮食的需求，表明在未来几年中，该地区对世界小麦市场的依赖性将逐年增加。该地区的小麦采购量在2000—2020年间几乎翻了一番。中东和北非地区能否在2050年的小麦进口量超过1亿吨，是一个值得关注的问题。

虽然很难给出确切的数字，但这些国家应该意识到进口小麦不断增加的趋势。面对从未停止的挑战，中东和北非地区国家的政府必须寄希望于国内小麦能有一个好的收成，同时各国应该通过研究这些供应商的情况，在国际市场上尽可能开拓量大价低的小麦资源。因此小麦现在已经成为一块晴雨表，它揭示了中东和北非地区农业和粮食的不安全因素。在此语境下，应该号召中东和北非地区国家激发农业政策活力，将粮食安全重新置于国家安全的重要位置，从而抵御各类制度性风险以及变化莫测的政治环境。人民对食物的迫切需求，要求决策者全力降低各类可能的风险。尽管中东和北非地区国家需要来自外部的必要粮食供应，但也同样需要提升国内小麦生产的方式方法，特别是小麦行业的生产效率。如果农业技术得以进步，加强对农业的投资，各国小麦种植还有提升的空间，进而助力各国农业的发展，从而面对当前地区面临的粮食安全挑战。在这方面，摩洛哥的案例值得借鉴，它完美地诠释了政治意愿在农业以及粮食安全领域的强有力回归。2008年，《绿色摩洛哥计划》启动。值得注意的是，该计划不仅取得了诸多成就，同时这一关键领域在国民经济和国家稳定中的地位，引起了摩洛哥王室高层的关注。尽管摩洛哥面临着周期性干旱带来的挑战，导致谷物收成在不同年份之间出现较大波动，但它采取相关措施减少上述问题带来的冲击，增强谷物产业领域的韧性，并在气候条件有利于丰收时最大化生产。

此外，通过努力减少损失，中东和北非国家可以在一定程度上重获主权。尽管目前这些国家无法实现食品和粮食的自给自足，但通过优化粮食价值链和增强粮食储存能力，可以从另一个角度帮助这些国家加强粮食安全。然而目前小麦进口领域由于物流效率低下而受到阻碍：小麦收获后，在运输过程中或者在运往内陆地区与滨海地区接驳的港口时，会造成产量损失。当发生严重的运输事故时，整个系统的失灵将不可避免。例如在2020年8月，黎巴嫩首都贝鲁特的港口发生爆炸，不仅造成200多人死亡，还摧毁了该国最大的谷物仓库。在面对小麦保存和流动性的物流挑战时，还存在其他障碍，如过度的官僚程序甚至腐败行为，这对中东和北非地区的大多数国家来说都是灾难性的。这种治理问题，以及通常与商业环境相关的问题，是该地区农业发展和粮食安全的障碍。在某些情况下，军方通常在谷物供应领域的组织工作中扮演关键角色。军方控制部分谷物贸易，监督与小麦相关的粮食和金融流动的正常运作。埃及和阿尔及利亚是两个明显的例子。这两个国家的军队，由于在政治上的影响力和在关键领域的控制力常与谷物事务密切相关。一些别有用心的人往往通过谷物谋取利益，因为他们非常了解小麦的力量，既可以通过小麦获得收入，也可以通过小麦结盟。

小麦：战争之利器

极端组织"伊斯兰国"，在2014—2016年其战略之一是控制叙利亚和伊拉克的土地资源。除了油气田和磷酸盐田外，该极端组织还瞄准了水资源，这就解释了为什么"伊斯兰国"会盘踞在幼发拉底河和底格里斯河流域。同时，"伊斯兰国"还占领了伊拉克和叙利亚大量的粮仓和磨坊，考虑到了该地区的农业平衡和粮食安全。因此，叙利亚东部和伊拉克北部种植谷物的平原成为了这一极端组织的根据地。战争阶段对当地的农业生产造成了巨大影响。战争不仅摧毁了农作物，还破坏了土壤和运输道路，迫使农业劳动力参与战事或逃离战区。这些因素导致粮食供需关系出现裂痕，粮食需求方被切断了粮食供应的出路。因此，控制储备粮成为最快的解决办法，这种战略甚至可以成为一种"真正的武器"。控制粮食储备不仅具有回流现金的功能，还可以赢得当地人的支持。"伊斯兰国"通过向当地居民发放免费面包，或以优惠价格出售小麦的方式赢得民心。"伊斯兰国"深谙如何开发和利用小麦资源，通过控制占领区的小麦开发、小麦加工业和大量的城市和农村面包店，以达到自身的目的，进而削弱伊拉克和叙利亚政府的权威。"伊斯兰国"试图向占领区居民展示其无私的奉献，从而在当地树立自己的权威。此外，一部分被"伊斯兰国"抢占或偷来的小麦也消失了。毫无疑问，这些小麦通过一些非正规的贸易手段进入邻国市场，"伊斯兰国"通过非法市场赚取资金。尽管这个极端组织目前的影响力有所减弱，但它并未完全消失。鉴于"伊斯兰国"的存在，围绕粮食的地缘政治挑战将继续影响其占领区，而社群问题和气候变化的不利影响还在加剧。

社会契约的终结？

如果谷物需求的增加是由于前文所述的地理和人口因素，那么这两个因素也是饮食习惯变化的结果。随着对乳制品和肉类产品需求的增加，人们需要更多的谷物来喂养产奶和肉类的牲畜。然而，在中东和北非地区，小麦仍然是人们的主要食品。实际上，小麦是地中海地区居民饮食的主要组成之一。这一传统因文化因素而延续，同时也因为社会政治结构的因素，小麦成为一种特权产品：消费者收入较低，但公共政策维持了小麦的低价，促进了消费者的消费行为。因此，面包在该地区人民的饮食中占据中心位置，同时也是世界上消费面包最多的地区之一。例如，在突尼斯，每人每年的硬质小麦（粗面粉、意大利面和古斯古斯）消费量为 70 千克，软质小麦（面粉和面包）的消费量为 85 千克。在突尼斯，就像其他地中海沿岸国家一样，很难想象没有面包的一顿饭，即使菜单上已经有意大利面和古斯古斯！此外，必须意识到的是中东和北非地区的家庭仍然将每月一半的预算用于食物支出，面包是日常食物的首选。这一比率在低收入社会群体中自然更高，因为它们会受到基本食品价格变动的直接冲击。另外，由于日常购买量过高，面包有时会被浪费，造成家庭财务支出甚至整个国家财政支出的日益增加，正如埃及的案例所展示的那样。

在阿拉伯世界，小麦时常在出现短缺或价格飙升时扮演引信的角色。如 1981 年的摩洛哥、1984 年的突尼斯和 1996 年的约旦。虽然这些动乱需要从多维因果关系来理解，但必须充分考虑与面包、面包价格，以及赤贫人群如何获得面包相关的问题。将时间拉近到 2011 年，生活成本的高涨和公民的悲观情绪相结合，导致该地区几个独裁政权纷纷动摇或倒台。2010 年夏天，当俄罗斯宣布对小麦实施出口禁令时，埃及开始变得不安，因为近年来，埃及三分之二的小麦都来自俄罗斯供应商。国际市场的通货膨胀很快影响到埃及市场，面包价格在动荡的政治环境中上涨。2011年1月，埃及延续了早前从突尼斯开始的冲击波，一场革命结束了埃及三十年的独裁统治。生活成本和生活必需品的成本成为人民起义的重要催化剂。因此，"更多的面包、自由、尊严和社会公正"成为抗议者中最流行的口号之一。这些示威活动是旧有抗议事件的延续，获得价格合理的面包是某些社会政治出现断层的一个主要因素。在非民主的治理体系中，走上街头表达愤怒是一种极其危险的行为。因此，必须理解这种行为背后的含义。人民的食品购买力被侵蚀，甚至面临饥饿的威胁，往往成为表达不满情绪的催化剂。这种不满情绪不仅限于食物，但如果忽略食物因素去解释起义的成因，将会缺少一个重要的分析框架。

为了应对上述风险，多年来中东和北非地区许多国家政府一直实施基本食品的支持政策。通过公共财政的支持，保持面包价格处于较低水平。在某种程度上，当权者通过这种方式购买了社会和平和执政时间。因此，转换机制（补贴、价格支持、食品券）得以发展，用于缓解各种冲突，让尽可能多的普罗大众获得基本食品。"阿拉伯之春运动"后的2012年，中东和北非地区就有400亿美元的资金被用于食品补贴。

然而，转换机制占据了这些国家预算的相当大比重，一些国家正面临严重的财政困难。突尼斯的经济状况严重恶化，国内争论此起彼伏。埃及也是如此，执政政府致力于定期改革基本食品的补贴制度。首先是对著名的巴拉迪面包（即国产面包）的补贴，大多数埃及国民都能负担得起这种面包了。随着数字经济的兴起，2015 年，埃及政府采取了一种新的机制，试图优化补贴制度的效用。政府通过向弱势群体发放卡片，如果每月的巴拉迪面包份额有剩余，可以用剩余的份额兑换其他食品。之后，其他创新也逐渐投入实践，尽管关于这项政策的优劣之争从未停止。2022—2023 财年度，埃及政府决定投入 50 亿美元用于食品补贴，同往年一样，将 60% 的预算用于极其敏感的面包领域。

因此，对于一个政府而言，响应国际金融机构的要求，被责令定期减少食品补贴，以换取国际经济援助，确实是一种冒险的行为。如果实施改革，通常是技术层面的改革，对于现有的权力体制而言，改革不能触碰现有的社会制度，因为风险实在过大。完全停止补贴可能会引发国内动乱。然而补贴在预算上是不可持续的，这项政策同样也广受批评，原因在于其资金来源通常是牺牲其他领域的支出，有时甚至是通过不当的方式获得[4]。但是基本产品（包括面包）的补贴，在政治上是绝对必要的。2022 年，一些国际事件的发生，给大多数阿拉伯国家一个提醒：即密切关注面包这一恒定的变量，因为面包因素可能点燃这个地缘政治已经异常动荡的地区。

拉丁美洲、亚洲、中东和非洲都是依赖全球粮仓的地区。尽管它们各自的情况各不相同，每个国家在粮食领域都有其独特的战略特点。然而问题的核心在于理解粮食安全在这些区域构成了一个重要的地缘政治议题。因此，为了确保小麦供应，保障国内社会稳定是维护这些国家和地区稳定的前提。同样粮食安全的脆弱性需要与两个限制性战略的动态相呼应：气候变化以及国际多边合作的混乱。

译者注

1 原文为"Af-Pak"主要用来指阿富汗（Afghanistan）和巴基斯坦（Pakistan）这两个相邻的南亚国家。这个术语特别强调了两国在地缘政治、安全、经济和文化上的相互联系以及它们对国际事务的共同影响。

2 在经济学中，临界规模（Critical Mass）指的是一个企业或产业达到足够规模以实现运营效率、市场竞争力或可持续性所需的最小规模。这个概念在多个经济领域中都非常重要，例如在生产、市场进入和技术采用等方面。

3 政治自愿主义（Voluntarism in politics）是一个涉及个人选择和自由意志在政治决策和组织中的作用的概念。它强调政治行动和组织应基于个人自愿的参与和同意，而非强制或权威的压力。

4 这些食品补贴并不总是非常有效，更多时候是惠及城市而非乡村，并伴随着臭名昭著的丑闻（腐败行为，利用补贴面包喂养牲畜等）。

Climat : le temps des changements

06

气候："阴晴不定"

农业对人们的日常生活和未来社会具有战略性意义。因此，气候问题直接关系到全球和平与国家发展，并构成对两者的重大挑战。此外，气候变化加剧了人类的不安全感，并预示着 21 世纪将面临不可避免的重大动荡。政府间气候变化专门委员会（IPCC）在 2021 年夏季发布的第六次评估报告中，不仅明确指出气候变化存在失控的风险，而且强调了气候变化的地缘政治维度。相较于工业化前期，全球气温已经上升了 1.1℃。预计到 2030 年，全球气温将升高超过 1.5℃。然而，2015 年举行的《联合国气候变化框架公约》第 21 次缔约方会议（COP21）中签署的《巴黎协定》，旨在将全球气温升幅限制在 2℃甚至 1.5℃以内。过去十年（2010—2020 年）也被认为是过去十万年中最热的十年。

堪忧的趋势与差异

小麦：气候风险

气象参数在农业领域扮演着关键角色。与其他行业一样，农业对气候的依赖性不容忽视。粮食安全不仅对人类福祉至关重要，而且受气候条件的制约。尽管人力、水资源和土地资源的可用性是农业生产的基础条件，但降雨量、温度和季节平衡的重要性也不容忽视。俄罗斯有句谚语："种植小麦的不是土地，而是天空"。科学界普遍认为，未来几十年气候变化的频率将加剧，全球气温呈上升趋势，这将导致全球不稳定性成倍增加，数以百万计的人口生活将受到影响，农作物的种植也将受到影响。随着气温升高、干旱频发以及洪水（包括由于海平面上升引发的三角洲洪水）的共同作用，农作物的产量将受到影响。同时，影响农作物产量的外来入侵物种，如形成黄锈病的真菌，也将趁机大量繁殖，对小麦生长造成严重危害。此外，厄尔尼诺和拉尼娜等洋流现象对农业的间接影响同样值得关注，它们与农业生产密切相关。

对全球气候变化带来的挑战，采取缓解和适应的措施变得至关重要。众多国家在《巴黎协定》生效后，确立了更新生产系统的战略目标，以加速二氧化碳排放的转型，进而有助于实现碳中和。同时，我们必须适应未来几十年气候的持续变化。无论是哪个地区或行业，都要面对这一挑战。只有通过提前预测未来情况，并制定相应解决方案的主动性措施，才能确保在潜在的大动荡背景下"稳如泰山"。

气候变化对小麦生产的影响是多方面的。近期的一项研究提供了全球视角及长时间跨度的洞察。借助美国航天局（NASA）的高科技工具和卫星支持，研究人员精确绘制了不同土地类型的地图。2021年年底，一项重大研究成果展示了全球谷物收成情况至2100年的预测。考虑到二氧化碳排放、21世纪末的气候变化，以及当前种植小麦和玉米的土地利用情况和产量情况，得出的结果显示：全球范围内，玉米受气候变化影响最大，产量预计平均下降24%。相比之下，小麦产量预计将增加17%，一些地区因气温升高而受益，包括非洲之角（乌干达、埃塞俄比亚）、北欧、加拿大、南美洲西部和俄罗斯。中国作为世界最大的小麦生产国，其产量预计不会发生显著的变化。然而，印度、巴基斯坦、阿富汗和中东地区的许多国家将面临小麦产量的锐减。研究估计，美国南部 40% 的麦田将消失，墨西哥和巴西的部分地区也面临同样的威胁。此外，我们需要关注小麦消费趋势的变化。预计到 21 世纪末，全球小麦年产量将增加 17%，略超过 9 亿吨。然而根据前文分析，到 21 世纪 20 年代中期，全球小麦需求将超过 8 亿吨，鉴于小麦在粮食体系中的重要地位，若供需关系无法平衡，则可能需要在小麦消费对象之间进行权衡。人类作为小麦消费的主要对象，未来可能成为小麦的唯一消费者，以便于养活更多的人口。

西伯利亚，潜在的小麦谷仓

如果不是前景尚需时日，位于俄罗斯西伯利亚广阔的土地，已经具备扩大农业和小麦生产的发展条件。随着气候变暖，耕地的拓展成为可能，预计在 21 世纪下半叶，西伯利亚新开垦的土地将在全球谷物地图上占据一席之地。特别是西伯利亚的南部地区，从乌拉尔河延伸至太平洋的区域，预计气温将上升 6~9℃，同时降雨量也将明显增加。俄罗斯政府正积极投资于这片广袤而人烟稀少的土地，以应对气候变化带来的机遇。在俄罗斯的农业战略中，品种基因学的研究正取得显著进展，成为俄罗斯渴望长期成为全球小麦强国战略构想的一部分。西伯利亚地区的西部和中部有望增加约 200 万公顷的耕地，将显著提升该地区的谷物产量，并可能改变全球小麦的产量和出口格局。同时，中国对西伯利亚的未来发展表现出浓厚的兴趣。"一带一路"倡议的路线也考虑到了该地区的潜力，俄中双方正在就跨西伯利亚的现代化进行商议。

　　然而，所有规划都需要考虑西伯利亚地区复杂的自然环境，以及俄罗斯发展过程中的各种制约因素。此外，西伯利亚地区的气候变暖，可能导致甲烷和碳的释放，因为这些温室气体目前被储存在永久冻土层中。这一问题不仅局限于俄罗斯，加拿大北部和格陵兰也面临类似的挑战。未来，其他地区可能需要提供农业解决方案，以补偿由于不利气候变化，影响某些纬度地区的土地缩减和产量损失。

适应并预防风险

　　若不调整农业生产以适应实际情况，类似小麦的大规模种植作物将面临收成的重大变动。某些地区或时期已经开始显现一些气候异常的特征。至少在欧洲，这一点不会受到反驳。2022 年的历史性干旱使大多数人最终相信气候变化带来的突发状况，而这些挑战本应在遥远的世纪末才对欧洲大陆产生影响。无论如何，气候变化的影响因地区而异。因此需要从全球的视角来总结气候变化的正面影响和负面影响。对高纬度地区而言，温度、湿度和二氧化碳可用性的增加，对当地产生了增产效应。此外，当一个地区遭受严重干旱或洪涝时，另一个地区的状况可能较为良好，从而可以支撑市场，在某种程度上弥补其他地区面临的困境。全球贸易可以缓解那些小麦尚不能自给自足国家的不安全感。如果这些国家已经严重依赖进口，那么面对小麦产区的突发气候问题，国家的粮食脆弱性可能会由此加剧。随着未来气候混乱情况的加深，预示着全球小麦市场变得更加不稳定，小麦和面包的价格也将随之上涨。一个小麦进口国将成为气候变化的三重受害者：本国土地的收成下降、小麦供应国的突发气象状况、小麦市场的敏感度急剧升高。因此，许多国家的内部冲突或国际间冲突的可能性将极大增加，尤其是一些国家同时面临着内外压力。在这个过程中，社会的脆弱性是非常特殊的，现在和过去一样，社会中最贫困的群体以及边缘群体将受到主要冲击。因此，有必要研究该领域在全球范围内的相互依赖机制，但这也并不意味着各行为体之间没有激烈的竞争，而是强调全球气候变化下，对不同国家影响的不均衡。一些地区可能在农业层面或特定作物上占据优势，但每年的收成也存在着巨大波动。

某些地区由于地理分配和粮食平衡的原因而变得脆弱，因此将受到极端天气事件更严重的影响，特别是中东和北非地区。根据政府间气候变化专门委员会（IPCC）的报告显示，气温上升是目前全球气候变化最显著的特征之一。如果不采取相应措施，农作物产量可能会大幅下降。对于那些因气候变化而经济增长受阻、某些行业的可持续发展面临威胁的国家，经济后果已然非常严重。与资源（水、土地）、粮食安全相关的紧张局势加剧，导致越来越多因环境问题而迁移的移民，特别是来自农村地区的环境移民，给城市治安和社会政治的稳定性带来日益增加的风险。

气候不安全、农村不安全、粮食不安全以及地缘政治不安全的结合在叙利亚冲突中体现得淋漓尽致。长期以来，肥沃的新月地带已适应了气候带来的限制。但在2007—2010年期间，叙利亚经历了一次异常严重的干旱，特别是在叙利亚北部最适宜农业生产的地区，加之当年化肥价格飙升，以及叙利亚政府在水资源管理方面的不善，干旱对叙利亚的农业生产造成了灾难性的后果，其农产品产量在三年内下降了30%。严重的减产导致农民失去了应有的收入。大约30万农民携家带口放弃耕地，前往城市寻找更有前景的工作。特别是在杰齐雷地区，这种情况更为明显。据估计，超过一百万的叙利亚人因此涌入了本就非常脆弱的大城市附近的郊区。这场气候危机及其带来的社会经济后果无疑在2011年春季爆发的起义中起到了一定作用。自那以后，叙利亚就陷入了内战。虽然这并非是唯一的原因，但在触发人民愤怒、加剧社会不平等，以及增加不安全感的众多因素中，这一原因绝不能被忽视。纵观历史，气候变化、饥荒或粮食危机与社会政治动荡之间，总是存在着密切的联系。无论是在遥远的过去，还是在较近的历史中，这种历史趋势似乎将持续存在，未来也将是如此。

小麦，面对气候的农业对策

联合国于 2015 年通过的可持续发展目标（SDGs），对农业和粮食领域具有重大的影响。其中，第二个目标旨在消除饥饿，第十二个目标关注负责任的消费，这两项目标与农业和粮食问题直接相关。这种设定将农业和粮食问题置于所有主题的范畴中，无论是贫困、水资源、妇女权利、创新，还是基础设施、能源、海洋、森林、和平及正义等。因此，农业和粮食领域在实现可持续发展目标的过程中承担着不可推卸的责任，是实现上述目标的核心。鉴于农业和粮食领域的重要性，以及自身的调节和提升能力，它们在很大程度上影响着全球发展议程的成败。因此，不思考农业和粮食领域应对挑战的手段，或不信任它们能够应对这些挑战，无疑是有害的。其中一个最有说服力，但鲜为人知的例子是碳储存的问题，与其他生产活动相比，农业具有独一无二的特性，它可以通过光合作用吸收大气中的二氧化碳。实际上，农作物利用太阳能吸收空气中的二氧化碳，然后产生生物质。1 公顷小麦吸收的二氧化碳量，是种植小麦所排放二氧化碳量的 4~8 倍。据法国作物研究所阿瓦利斯（ARVALIS）估计，法国的大田作物[1]每年在土壤中固定的碳量相当于 2.5 亿吨二氧化碳，大约是种植这些作物所需排放量的 10 倍。碳是组成土壤中可以提升肥力的有机物质的重要部分，多余的碳可以储存起来，以缓解气候变化带来的影响。关于农业和碳，以及促进气候变化的科学分析正在增加。通过适当的实验、定期更新的计算方法、总结开垦环境，可以达到科学分析的目的。

革新与争论

科学、知识共享的重要性

在面临粮食需求增长和气候变化的双重挑战下，创新成为农业领域解决问题的关键途径。为了同时保护地球和生态系统，有必要在某些地区乃至全球范围内增加粮食产量，实现数量和质量的双重提升。谷物类大田农业未来的革新，就是实现这一目标。因此，全球范围内便展开了一场紧迫的竞赛，旨在培育能够适应气候变化挑战的小麦品种。在法国，国家农业研究与环境研究所（INRAE）与作物研究所（ARVALIS）正进行小麦取样研究，并联合开展了多项长期项目，例如"面包小麦计划"（Breedwheat）。该计划于 2011—2020 年，在未来投资框架下启动，目的是通过研发新的小麦品种，支持优质小麦的持续种植，以提升法国在相关领域的竞争力。面对小麦问题的严重性，法国也束手无策。21世纪初以来，法国小麦产量停滞不前，其中一个关键问题是法国是否能在未来每年持续生产约 3500 万吨小麦，而不是仅仅停留在目前尚未达到的 4000 万吨的产量门槛。目前法国采用的密集农业模式，被指出是造成生态系统不平衡的根源，同时其对生态系统造成了负面影响。因此，问题的紧迫性前所未有，需要在保护环境的同时，利用更少的自然资源生产更多的小麦。当务之急是重新审视谷物生产系统，增强其可持续性。面对气候变化带来的挑战，小麦种植应采取何种适应途径和改良策略？目前有两种相互补充、相互依存的途径：一是基因学途径，二是农学途径。

基因学途径

在基因学途径下，持续强化小麦的方法涉及挑选对非生物胁迫[2]（如干旱、高温）和生物胁迫[3]（如疾病、虫害）具有更强耐受性的品种[4]，以提高水资源的使用效率，降低水的消耗量。同时，培育具有强健生长特性的小麦栽培品种，例如能够在高温条件下继续生长，并且需要较少水分的品种，以适应干旱地区的生长环境。遗传学和 DNA 测序领域的重大科学进步，特别是转基因技术、基因组分析及其功能理解，为改良小麦品种的专家提供了新的视角，从而提高小麦的生产能力。新一代小麦品种被赋予了灵活的适应性，能够缓冲气候异常所带来的冲击，抵抗生物和非生物的胁迫，特别是克服水资源限制，从而提升小麦的产量和生产稳定性。[5]此外，小麦种植可以扩展到新的地区，包括那些由于盐碱化或有毒性而不适合耕种的土地。

实施新的品种选择方法和战略，以及开发适宜的栽培技术，显然需要在科学技术领域进行大量投资。同时保护植物多样性至关重要，因为它是获取改良小麦品种所需基因的基础。实际上，只有从不同品种的小麦种中提取符合质量要求的基因，并通过杂交、改良等步骤，才能赋予植株抗虫性、抗病性以及耐旱性。然而遗传学家用于实验的原始植物的多样性正在不断恶化。举例来说在过去的半个世纪，中国大部分的小麦品种已经灭绝，意味着这些品种的小麦所携带的潜在的恢复能力和适应能力已经彻底消失。这就是为什么位于挪威斯瓦尔巴群岛的斯匹次卑尔根冰川种子库保存了世界上所有粮食的种子，并确保其遗传多样性得到保护的原因[6]。保护这些数以千计的基因组是一项必要的战略，旨在寻找适应未来气候变化的合适品种。因此，基因学途径体现了人类和科学在面对气候变化和人口增长挑战时的一种潜在反应。此外，改善基因不仅是 20 世纪下半叶的现象，而且是自农业诞生以来的一万年间产量显著增长的主要方法。这条路径同样提供了一条经济且尊重自然的途径，并减轻了非生物因素带来的压力，以及对抗由气候变化引发的虫害和疾病的挑战。

农学途径

关于小麦持续强化，农学的途径是通过在工具工艺领域的创新，在气候变化的背景下，保持甚至提高小麦的产量。例如，当一些地区的某些季节气温特别高时，农民选择岔开这些季节种植作物，避免在夏季造成作物的损失。农业领域投资巨大的国家，谷物种植者愈发将最新的技术应用于生产决策中。现今的卫星和无人机技术可以飞越大片地区，通过自带的传感器和测量工具，向农民提供作物健康状况、氮营养状况、是否有病虫害危及收成的情况。与农业地理定位工具相关联的软件，同样可以使农民在必要的地区留出足够的投入，并且更好地管理自己拥有的土地。这些都是农业精准化的核心要义，农业精准化正在进步，要求更多的相关知识与之相适应。

发展中国家的农民在面对气候变化带来的限制时，同样采取巧妙之策应对。例如，使用耗水量较低的灌溉系统，比如滴灌或喷洒的灌溉方式。现在是数字化发展和基因创新的时代，发达国家和发展中国家的差距愈发加大，发展中国家的农民目前还无法使用先进工具，造成这种现实的原因既有经济上的，也有现代化的生产系统上的，以及管理方式不能深入农民日常的种植中。近年来欧洲的谷物产量处于停滞，一些人口增长最为迅速的发展中国家出现了粮食产量下降的情况。投资和国际合作似乎变成满足发展中国家未来需求的途径。与此同时，应该认真考虑将热带的小麦品种逐步引入温带种植，进而使这些小麦品种在不断变化的环境条件下得以适应。面对如此艰巨的挑战，经验的分享与信息的流通显得十分必要。意大利农业经济学家科西莫·拉奇里尼奥拉（Cosimo Lacirignola）提出一个口号："21世纪必须要打一场反对知识浪费的全面战争"。

基因学途径展望

鉴于以上考虑，有必要提出关于农业与科学间相互作用是否存在争议的问题。尽管转基因作物在欧洲是一个非常具有争议的领域，但是它对世界其他地区农业的发展具有重要作用。原因在于转基因技术可以解决一些地区由于人口高增长，地理限制带来的粮食问题。那么现在地球上每十公顷的农田中，就用一公顷的农田种植转基因粮食。这些农田分布在全球 28 个国家。其中种植最多的是转基因玉米。而转基因小麦的种植相对少了很多。因为小麦的基因结构非常复杂，同时也没有受到像其他农作物一样多的科研关注。先前阿根廷已经公布了国家实验室测试的转基因小麦——HB4。这个品种的小麦在 2022 年首次展开商业化种植并取得收获。HB4 由于具有向日葵的基因，因此具有极强的耐旱性。随着 HB4 品种小麦的出现，为粮食领域和气候领域的问题提交了一份有价值的答案。同时，这项科学突破对阿根廷谷物行业的从业者，坚持通过农艺学研究改良生产的研究者，以及尊重自然生态循环的人们提出了一个问题：2030 年全球小麦生产的一部分（其份额并不占主流但也不是微不足道）可否使用转基因小麦？时至今日，问题的答案还存着非常大的变数。同时也引发诸多从业者的思考。转基因小麦在未来小麦的地缘政治分析中，将作为迅速发展的变量之一[7]，但必须要强调品种改良才是主要的途径，转基因只是改良品种的一种方法，这与通过杂交改良品种异曲同工。

后续的一项重大革新，是新基因组技术（NGTS）的出现。许多科学家认为这项技术能够从作物的产量和可持续性两个方面为研究提供启发。无独有偶，这项技术再次引发反对者的批评，他们认为种植业应该从科学研究中获得进步，而不是操控自然。这项基因编辑技术被称为"分子剪刀"，作为一项非常前沿的技术，法国科学家埃曼纽尔·夏庞蒂埃（Emmanuelle Charpentier）因此获得了2020年诺贝尔化学奖。"分子剪刀"通过一种非常精确又有针对性的方式编辑基因组的一个区域，为了使这个区域能够具备一些特性（如耐旱和抵御病虫害的特性）。在某种形式上，意味着创造了一次积极的突变，没有添加任何来自另一个物种的基因。与大多数转基因生物的例子不一样（如在玉米中，插入胡萝卜的基因，这在自然界不可能发生）。因此，新品种可以通过植物繁殖过程中随机发生突变中出现，并且很有可能在自然状态下自发形成，这也是经典品种选择的基础。新基因组技术（NGTS）去除了选择工作中的随机性，节省大量时间的同时，提高了整体的效率。因为随机杂交既然能出现一种新的寻找中的性状，伴随的可能是另一种性状的消失。（例如，作物有了抵御虫害的能力但产量下降）。新基因组技术（NGTS）的目标正是为了规避上述陷阱。因此新基因组技术（NGTS）创造了基因变异，有助于理解遗传决定论的同时，节省了开发新品种必要的时间和成本。支持并相信新基因组技术（NGTS）的一方认为此项技术不仅费用低廉，同时易于开发。它可以加速植物的选择，同时更容易地赋予植物抵御生物胁迫与非生物胁迫的能力，并且改善作物的营养质量。

然而，谈及这种创新与由此产生的不可避免的风险之间的关系时，来自全球各方的力量形成鲜明对比。因此未来完全可以见证，全球农业地图因为一个又一个的技术进步发生变化，这种变化是社会性的，或者不是科学性的。美国以及中国正在投资由新基因组技术（NGTS）构建的非常广阔的领域。欧盟于2018年通过法令，判定这些新技术属于2001年转基因生物立法[8]的范畴。但是在2021年流行病毒的大背景下，有利于修正科学对人类安全的贡献，欧盟委员会正是在此时发布了一项关于欧盟法律框架下，有关新的基因科技的现状研究。该文件强调：欧盟的立法与科技的发展不再相称，导致了欧盟的相关法律存在不明确的情况。欧盟委员会继续指出新基因组技术（NGTS）具有巨大的潜力，可以为一些粮食方案的可持续性做出贡献。这些粮食方案符合绿色公约的目标，这项战略旨在2050年使非洲大陆的经济发展脱碳[9]。经过大量的研究后，欧盟发起了一项公众咨询，为了检验修订相关规定框架的必要性，同时推进运用新基因选择技术的种子投放市场。这项措施将在2022年夏季结束，欧洲这一领域的政策将发生变化。当然，需要根据欧盟面临挑战的情况，例如，新冠疫情、边界的地缘政治不稳定的觉醒以及正在削弱欧洲农业体系的气候冲击，从而推进这项变化。当然这种思考在欧洲的演变同样与转基因生物（OGM）的法规（2001）有关，这项法规源于20世纪90年代后半期关于转基因生物的讨论。而2001年的法规根据，是基于以当年为时间节点，往前几年的科学技术成果。因此，2001 年的欧盟立法部门完全没有意识到新技术可能出现的情况。

但可以确信，提高粮食产量、减少收获后和运输途中粮食的损失，被视为未来全球粮食安全范式中的一个主要决定因素。为了应对小麦需求的增长，具有坚实的土壤气候和地理优势的产区势必要在每公顷生产力上达到新高，因为粮食种植面积扩大的可能性愈发降低。在北美、欧洲、俄罗斯、黑海周边甚至北非，存在单位面积粮食增产的潜力。增产的潜力取决于公共政策、农业结构，对研究的投资显得更为重要。如果一些生产国在其他国家投资创新之时，放弃追求农业研究的进步。那么 21 世纪中期，在粮食安全领域，农业和地缘政治平衡大概率发生变化。探索性科技的边界，定义未来充满活力的产区。在非洲，粮食的需求将在 21 世纪有着爆炸似的增长，土地储备也十分丰富。生物技术使用愈发成为提高农业生产力方案的一种选择。然而在考虑创新前，制定更高效的制度框架也是必经之路（通过土地改革，赋予家庭农场主土地的使用权或所有权，从而有望获得投资，以及有能力将财产传给他们的子女）。此外，贯彻中长期的农业政策、拥有受过培训且愿意深耕于农业领域的人力资源也同样重要。随着时间的推移，农业领域暴露出的风险加剧，例如，1985 年在巴西发现的小麦赤霉病，这种病害已经危及南美洲上百万公顷的土地。2016 年，小麦赤霉病跨大洲传播至亚洲，孟加拉国的情况最为严重。2018 年，小麦赤霉病出现在非洲赞比亚的土壤中，这种小麦的真菌性疾病通过被感染的种子、作物残留物和孢子传播，后者可以在大气中进行长距离传播。因此，一旦感染，小麦收成的损失将会相当巨大。欧洲的小麦并不是高枕无忧，尤其不能低估这类疾病正成为农业恐怖主义的一种手段。

能源争论与生物经济路径

能源农业是另一个处于创新和争议之间的主题。在能源农业的现代历史中，全球农业一直依赖愈发多的能源投入，同时依旧是能源的大量消费者。无论过去还是现在，农业因此与石油市场形势相关联，而石油又受到地缘政治变动的影响。如果石油价格上涨，因此造成海运费用的飙升（2008 年世界粮食危机期间尤为明显），天然气价格暴涨，导致化肥的价格自然随之升高，农业生产成本从而增加（自 2021 年以来观察到的现象），最终可能使得全球市场的小麦价格走高。因此，化石燃料价格和谷物价格存在着强烈又不对称的联系。当化石燃料价格上升时，谷物价格会大幅升高。

甘蔗和玉米是生产乙醇的主要农业原料，美国和巴西应用尤为广泛。而生物柴油的情况更为复杂，它的来源是初次使用或者回收的植物或动物脂肪。主要生产国（美国、巴西、阿根廷和欧盟）间的情况各不相同。巴西和阿根廷主要使用大豆油，而美国和欧盟则使用更为复杂的植物油和动物油的混合物。生物燃料行业获得了大量的公共支持，主要通过掺混的方式使用。因此用于生产乙醇或生物柴油原材料的价格和转化比率，决定了原材料的种类。对于欧盟而言，无论是乙醇还是二酯（生物柴油），生物燃料在燃料中的掺混比例为7%。目前，欧洲近3%的农田用于生产燃料。其中，用于生产乙醇的小麦种植面积占据生产燃料农田的0.7%，每年产量为360万吨，不到欧洲收成的3%。根据所使用的技术，与同等的石油消费相比，小麦乙醇能够减少高达70%的温室气体净排放。这种情况下，如何能不考虑这一行业在国家气候战略中的定位？通过一些政策，欧盟依靠植物产品提供的燃料，促进经济脱碳，促进有利于原材料再利用的经济。另外，生物燃料生产链还给畜牧业提供有用的副产品。

对农业生产的非食品用途保持质疑，考虑食品与能源之间的平衡问题，这两个疑问都是合理的，尤其是全球粮食危机发生时，如2008年或2022年，禁止生物燃料这一事项就会被提上议程。表面看来通过限制或暂时禁止在生物燃料生产中使用谷物（或油料作物），来缓解国际粮食市场的做法似乎是最有效的。但这样的做法值得深入商榷：因为多个相关行业的价值链（如畜牧业、糖业）可能会在生产成本高，以及在世界贸易中的乙醇和生物柴油的替代品出现的情况下受到负面影响。在这种背景下，理清美国（占世界生物燃料生产占比50%）和巴西（30%）与欧盟不同的境况显得尤为重要。农业和粮食转型必须考虑到"粮食－能源"这对关系中的所有需求、要求以及成本后，才能进行精确调整。毫无疑问，向第二代或第三代生物燃料的转换需要加速推进，并与减碳活动的措施同步进行。所有的需求都要在农产品的食用属性和能源属性之间寻找互补性，并加以设计和实施。如前文提到的，超过70%的小麦直接用于人类食用，而大约20%的小麦直接喂养动物。此外，尽管农业活动在消耗能源，但它历来也是能源生产的参与者。例如，提供生物质并产生气体（通过沼气发酵）、供暖（利用木材、稻草或大麻等绝缘材料）以及作为动物饲料的原料。因此，小麦产量的一部分可以用来制造基于淀粉的生物基产品，可以成为石油来源产品的替代品。在法国，每年有250万吨的小麦用于淀粉制造，消耗的小麦约占总收成的7%。这些小麦广泛用于生物化学、创新建筑材料、造纸，以及生物基产品，例如，生物塑料的开发，这些由可再生材料（如小麦或玉米）制作的袋了和包装，几周内就可以完成堆肥处理。说明农业除了提供粮食外，还能为能源转型和发展过程中的去碳化提供解决方案。

此外，除本章中所提到的还要增加一个额外的关于战略组成部分。对于那些石油和天然气资源不足，但拥有巨大农业潜力的国家而言，生物能源成为这些国家减少对能源出口国依赖的一个手段，因为能源出口国有时倾向于利用石油或天然气的力量，来削弱某些国家和地区的能力。此外，能源开放有利于当地农业市场的多样化，从而增强农业的韧性。因此，农产品的使用在某种程度上能够助益于国家的能源主权与工业主权。在着手思考小麦的前瞻性时，能源问题不可避免地引发关注。粮食、能源与气候构成了一条战略纽带。21 世纪的地缘政治将继续建立于此，是否有必要仅执着于石油及其存在生产高峰的问题，正如 20 世纪 50 年代美国地球物理学家马里昂·金·哈伯特（Marion King Hubbert）[10] 的理论对石油工业和能所提出的那样？值得注意的是：比起小麦，石油更令人痴迷，虽然石油和小麦是两种不具可比性的两种原料（一种是有限的化石能源，另一种是农产品），但关于石油资源枯竭并寻找替代品的分析从未停止，而小麦以及更大范围谷物领域的讨论却很少出现，尽管它对粮食安全和全球稳定至关重要。石油和天然气部分支配着国际关系和全球贸易。但是农产品和小麦难道不是同样重要吗？

关于气候变化、科学发展和能源争议是多元的。它们表现在截然不同的地缘政治和社会经济现实中。正因如此，粮食安全领域的国际合作并不容易，不同地区面临的挑战不尽相同，有时利益也存在差异。尽管全球范围内，强化主权国家的合作迫在眉睫，但建立小麦领域的多边主义并不容易。

译者注

1 通常指在广阔的田地中种植的农作物，这些作物通常是用于商业农业生产的主食或经济作物。

2 生态系统中影响生物群落的非生物因素。

3 生态系统内生物对生物的相互作用。

4 "Cultivar"是"栽培品种"或"园艺品种"的同义词，通常简称"品种"。

5 这也将有助于识别某些小麦品种的遗传特征，并将这些基因引入其他品种。这是"生物强化"，即通过遗传改良提高作物的营养含量。

6 这个被称为"植物诺亚方舟"的真正地堡，深埋于地下120米，保存着来自世界各地超过一百万种种子，其作用极为战略性。在2015年，当位于叙利亚阿勒颇的ICARDA种子库因战争和轰炸而被摧毁时，科学界能够在斯瓦尔德重新获得那些已消失的种子的"兄弟"。

7 引入一个或者多个基因到活体生物中。

8 2001年，欧盟制定了一项关键的转基因生物（Genetically Modified Organisms, GMOs）立法，这是通过《欧盟转基因生物释放指令》（Directive 2001/18/EC）正式实施的。这一指令取代了之前的90/220/EEC指令，旨在规范转基因生物在欧盟的环境释放和上市流通，并确保人类健康和环境的安全。

9 脱碳（Decarbonization）指的是减少或消除经济活动中二氧化碳及其他温室气体排放的过程，特别是那些来自燃烧化石燃料（如煤、石油和天然气）的排放。脱碳是全球应对气候变化的关键战略之一，旨在减缓全球变暖和其相关的极端气候影响。

10 马里昂·金·哈伯特（Marion King Hubbert）是一位美国地球物理学家，最著名的贡献是他在1956年提出的"哈伯特峰理论"（Hubbert Peak Theory），通常简称为"峰值石油"（Peak Oil）。这个理论预测了石油产量将达到峰值后随之而来的长期下降趋势。

Diplomatie du blé :
permanence, coordination et tensions

07
小麦外交：持续、协调、紧张

全球粮食问题引发的挑战再度浮现。继 2007—2008 年的粮食危机提醒了那些对农业战略性持怀疑态度的声音后，2010—2011 年国际金融动荡引发的危机，以及新冠疫情、乌克兰危机等近期爆发的集体性事件，突显了农业和粮食问题对当代世界的重要性。然而，多边主义在应对这些议题时效果不佳，反映出全球地缘政治局势紧张的现实。

农业"大回潮"

世界战略状态

三十年后的今天，社会政治的动态仍然存在活跃、令人意外以及不确定的因素。近年来，尽管国家间的冲突有所减少，但一些国家和地区的暴力事件仍在持续。同样，虽然改善生活条件、获得自由是这些国家的普遍愿望，但实现这个愿望的方式并不一致。世界上运行着种类繁多的政治制度，这种碎片化与经济领域的多极化形成鲜明的对比。过去的三十年，随着一些人口众多、资源丰富、又富有雄心的国家崛起，经济多极化的程度已然加剧。在中国这辆火车头的带动下，亚洲、非洲、南美洲以及中东诸国纷纷对工业、金融、科学及文化等领域的固有规则发起冲击。尽管有些国家近来的经济增长速度有所放缓，并在社会组织形式上遭遇了不可否认的困境，但这些国家已经改变了世界贸易和国际关系的地理版图。在多边谈判场上，它们坚持捍卫自己的立场，维护自身的利益。因此，世界的重心已经发生了转移，西方国家对权力不再垄断。此外，其他大国对西方国家的贪婪发起挑战，比如俄罗斯，已经不再隐藏它对西欧或美国式民主和价值的厌恶。最近，随着新冠疫情的暴发，全球化中的区域化进程取得了进展。虽然欧盟还是世界上建立时间最长、最成熟的政治、社会及经济一体化典范，但《北美自由贸易协定》（NAFTA）组织了北美洲国家，南方共同市场（MERCOSUR）动员了南美洲国家，非洲国家刚启动了非洲大陆自由贸易区（AfCFTA），15个亚太地区的重要国家于2020年签署了全球最大的区域贸易协定——《区域全面经济伙伴关系》（RCEP）。其中，某些组织的成立被认为是表面工程。2022年，这些来自其他世界的地缘政治的并且不同于西方大国制定的议程，对世界产生了影响。例如，上海合作组织（SCO）、金砖国家（BRICS），其作用已经远远超出一个简单的市场或者金融概念。另外，不得不承认，当以农业和粮食问题做对照时，对于全球绝大多数国家，权力已经大量集中在城市和沿海地区，而忽视了农村和内陆地区。这种优先级的巨大差异跟随在国家的发展之中，无法避免地引起社会不满，甚至是城市人口与农村人口的对立。在这方面，值得关注的是中国的政策演变。中国政府高度重视这种内部空间的平衡，实施了更多的数字战略措施，当然这也需要国家农业及保护自然资源策略的支持，从而保证中国农村地区的可持续生产，并控制人口已经过剩的东部城市的人口流向。其中，粮食安全对保障社会的安定至关重要。在这幅描绘过去三十年全球地缘政治变化的宏伟画卷背后，有必要做出两个判断，以便正确了解未来的发展轨迹。一是自由经济并不能带来民主；二是经济的相互依赖也不能带来和平。即便是在 21 世纪，集体安全和个人安全也无法与粮食安全脱钩。正是基于这些判断，我们才能思考当代国际关系的复杂性。同时，我们也需要注意成员国数量的增加。现在联合国成员国的数量，是 1945 年联合国成立时的成员国数量的四倍。国家数量的增加，无形地增加了国家间双边合作和多边协商所需的时间，同时造成了决策困难、共识弱化的问题。因此产生了一个老生常谈的问题：是应该推动全球性的机制来解决地区出现的问题，还是通过地区的行动来应对全球性的挑战？这种尖锐的问题很常见，也引发了许多辩论和争议，但却并未带来太多的行动和集体协作。若干个战略问题交织，但无法汇集成一个共同的解决方案，发现问题是一回事，解决问题是另一回事，实现解决方案的方式愈发透露出观点的对立。全球粮食问题的地缘政治框架，特别是小麦问题也是如出一辙。目前没有任何一个国家能够在这方面单独强加一项议程、政策或者协议。

农业重组 "进行时"

新冠疫情的大流行凸显了全球供应链的脆弱性，国家间的相互依赖因此加深。许多国家的安全受到威胁，原因在于它们没有确保国家某些战略领域的主权，例如，健康领域和粮食领域。在这些领域对其他国家的依赖，成为一些国家的一类问题，甚至是一种威胁，助长了国家闭关自守和分裂的可能性。这类动态事件在国际上引发了很强的共鸣。多边主义表现不佳，尽管粮食安全的挑战需要多边的，以及更多的共同回应，但单独的解决路径大大超越了集体的解决路径。世界新一轮的碎片化，以及区域逻辑的回归，导致国家间的相互依赖逐渐让位于对抗状态。任何合作伙伴皆可成为竞争对手，有时甚至互为敌人。这种趋势在地缘政治领域表现得尤为明显。能源依旧是引发竞争的领域，为满足这种贪婪，可以通过行为体（国家或私人、全球或区域）实施的敏锐战略。但对于粮食来源的途径，如水、土地、生产工具、市场也可以是利益游戏和相互竞争的场域。农业和粮食之所以与地缘政治关系如此密切，是因为它们的作用是双向的。一方面，农业和粮食安全的不确定性可能会引发社会动荡，个体也会变得脆弱。这种安全的不确定性迫使个体迁徙，甚至加剧移民活动或抗议运动的发生。这种情况可能会导致政治危机，甚至武装冲突。另一方面，战争状态不仅导致物理上的不安全，还会给受波及的人口带来经济上和粮食上的不安全。贫穷与饥饿愈发吞噬着交战区。冲突越是持久，涉及人类安全的问题就越严重。这一现实表明，农业仍然是地区稳定和国际关系的优先级。近年来，世界农业正在复兴。大多数农业领域有优势的国家都在关注自身的这种优势，不仅是为了保护其国家主权的重要因素，也是将农业上的潜力纳入其国际战略。世界上许多国家从不吝啬对农业的投入，这种做法并不是没有道理，因为农业确保了国家的安全，并成为对外政策的一部分。因此，没有农业的强国很少见。当本国农业不足以满足需求时（如土壤肥力问题），或者土地资源不足时，这些强国就会在国际上寻求它们的粮食安全，包括出现适时外包的情况，因为这样可能获利更多。自从2007—2008年的粮食危机以来，许多国家决定在农业和创新领域增加投资，以便提供更优的产量和满足消费者期望的新产品。进入21世纪被归类为过时产业的农业，近年来，在政治议程中的地位愈发高涨，这也适用于公共行动和发展计划，并逐渐达成一种共识：农业位于多重挑战的十字路口，是始终保障粮食安全和人类的基石。

农业多边主义：备受考验

普遍持久的问题

第二次世界大战后，巴西学者苏埃·德卡斯特罗（Josué de Castro）创立了饥饿地缘政治学这一新的研究领域。他的观点与18世纪末托马斯·马尔萨斯（Thomas Malthus）提出的地理因素决定粮食安全的理论不同。德卡斯特罗关注"人类苦难的地理"，强调饥饿与政治之间存在因果关系。他认为人类的政治行为很少受到哪种现象的强烈影响，而饮食，人们必须吃东西这一悲剧，正是这样的现象。如何养活家庭、国家和世界是一个复杂的日常挑战，是一个不变的顽固问题，没有任何人、文明或政府能够逃避这种宿命。这可能是地缘政治领域中最古老、最复杂的挑战之一。在进入 21 世纪之前，国际粮食及农业组织发布了一份参考预测报告，旨在警示全球决策者，未来粮食安全的巨大复杂性。

我们已经见证了农产品在加剧生产区域和需求巨大区域之间紧张关系中的关键作用，尤其是在那些只有依赖国际市场才能满足其不断增长的本地消费需求的区域。尽管这种状况由来已久，但调控全球农业贸易的复杂性却在不断增加。供需之间的平衡始终是一个难题，特别是对于那些受到气候不确定性，而造成重大影响的农产品而言。尽管农产品价格的波动并非新现象，但这一问题仍然存在。

价格波动理论

价格波动理论是由经济学家格雷戈里·金（Gregory King）于 17 世纪提出。由于需求的恒定，小麦产量的小幅变化会导致价格的极端波动。在研究小麦产量与小麦价格之间的关系时，金观察到小麦价格在歉收的年份飙升，在丰收的年份崩溃。因为小麦的消费至关重要，人们想尽一切办法获得这一不可或缺的产品。值得关注的是，提出"看不见的手"理论的经济学家李嘉图（David Ricardo），以及约翰·梅纳德·凯恩斯（John Maynard Keynes）都将基础农产品排除在他们的研究领域之外。而在农业领域，供应商仅能通过价格缓慢地调节需求。当供求调整变得更加微妙时，价格的波动和高价相互伴随而来。这种高价和波动并存的结果导致进口方进一步的不稳定。而对于生产方而言，高价是一笔意外之财，波动则使得投资前景扑朔迷离。

实际上，国家间、生产者间、消费者间的农业贸易并不遵循公平的原则。在安全和经济相关的领域中，利益在供求背景下才拥有决定权。在多极化的世界中，这些领域的分析过于复杂，难以达成共识。尽管人们感受到多边主义的重要性前所未有，但在关乎粮食安全的重要问题上，多边主义显得无能为力。共同规则的发展受到国家行为体间分歧的阻碍。不应忽视私营部门的重要性，其影响已被广泛认可，并产生了结构性的竞争。康德主义认为贸易有利于和平，这一原则尤其适用于粮食和农产品。然而，近年来，正是这些农产品经常积聚紧张气氛，成为所有国际贸易谈判中的系统性障碍。也正是由于农业领域特别强烈的阻碍，世界贸易组织的多哈回合谈判自 2001 年以来一直陷入停滞。如果说 21 世纪初以来，新兴国家的崛起加剧了农业问题的冲突，那么应该记住美国总统哈里·杜鲁门（Harry Truman）关于冷战初期力量对比的叙述：如果我们能够与苏联就双方农业领域的共同利益展开讨论，那么再讨论政治间的分歧会容易得多。

粮食危机与风险

根据国际粮食及农业组织的数据，2010—2020年这十年间，面临中度或重度粮食不安全风险的人口数量持续增加。当世界人口刚突破80亿大关时，财富和可及性的差异将导致8.3亿人面临饥饿，23亿人陷入重度或中度粮食不安全的境地。这意味着地球上每三个人就有一人受到影响。这些人道主义危机主要冲击亚洲、拉丁美洲和非洲。在非洲这个人口迅速增长的大陆，25%的居民遭受饥饿之苦，60%的人口处于重度或中度的粮食不安全状态。尽管人均卡路里的产量从未如此之高，但不可否认的是，粮食问题在很大程度上凸显了全球不平等的悲剧。粮食生产和分配的挑战足以证明，当理论面对气候、社会经济、地缘政治的残酷现实时，贫困、战争及极端气候事件使得粮食安全这一范式变得愈加复杂。同时还需要注意来自物流领域的挑战，即如何长距离或者短距离运送粮食。原材料价格、冲突、流动性限制、政治不稳定几者之间的关系成为地缘战略预警的主题。根据国际粮食及农业组织的数据测算，2022年的农产品和粮食价格指数已经超过了2007—2008年度和2009—2011年度通胀高峰时期的水平。由于当时的外交环境截然不同，2007—2008年的粮食危机：粮食储存减少，农业资源的利用竞争（特别是生物燃料），以及大量纯金融基金投机农产品的原材料，使之成为避险资产。上述因素导致国际粮价迅速飙升。由于替代效应，粮价上涨波及本地及国内市场，并迅速触发了能源价格危机和全面的经济危机。2009—2011年，由于国际金融危机的影响及系列因素的叠加，其中包括俄罗斯因干旱颁布禁止出口谷物的法令，原材料价格再次出现通货膨胀。在社会政治动荡的背景下，若干阿拉伯国家直接受到国际小麦价格上涨的重创。

集体响应不足

面对当时的挑战，2011 年 G20 二十国集团（G20）成员在法国的牵头下，一致认为实现经济稳步增长的条件非常脆弱，采取相应措施应对粮食安全的不确定性迫在眉睫。因此，最终达成了如下建议：①提高实物和金融市场的透明度（包括期货和场外交易），尤其是关于全球库存状况的信息透明度；②改善监管 / 监督机制，并配备（政策）工具使市场监管部门能够介入、控制市场参与者的行为，从而预防所有导致市场失序的风险；③有必要增加农业产量，提升农业劳动生产率；④在全球层面更好地协调商业政策，与主要国际机构紧密合作，特别是建议不采取出口限制；⑤保证多边主义的解决方案，由此创建了农业市场信息系统（AMIS）目的是验证基于农业市场的交易信息的质量、可靠性和准确性以及产品预测。启动了全球农业地球监测项目（GEOGLAM，旨在提升对收获预测和气象预测的了解）和快速行动论坛（Forum d'Action Rapide, FAR），该论坛由联合国食品安全与营养高级专家小组（High Level Panel of Experts on Food Security and Nurition, HLPE）下设的国际机构和资深专家组成，旨在更好地协调政策，以便在市场面临危机时作出适当的响应。此外在欧盟方面，欧洲委员会对金融市场透明度进行了重要的规则改革（MIFID 规则[1]）。

近年来，多边主义和国际团结的衰退，对全球粮食安全带来的不确定性产生了放大效应，加剧了局部地缘政治危机、气候变化以及生产模式的挑战。然而值得注意的是，从 2021 年 9 月联合国可持续食品系统峰会、2021 年 12 月的气候变化大会（COP26），以及 2022 年 6 月的世界贸易组织（WTO）第 12 次部长级会议等最近的多边会议中，出现了一些令人鼓舞的信号。在新冠疫情大流行、乌克兰危机以及气候变化带来的极端天气加剧的背景下，国际议程面临重大挑战，许多国家呼吁将农业等关键领域作为讨论的焦点，并争取至少达成最低限度的合作。在这种情况下，认识到人类世的影响及农业在其中扮演的决定性角色显得尤为重要。同时，也应当尽可能地捍卫多边主义，避免历史已经证明的"各自为政"策略，这种策略除了引发紧张和冲突外，无任何建设性成果。从这个角度来看，一些人试图将包括农业和粮食在内的主权概念限定在民族主义或极端地方主义的范畴内，这是值得担忧的。当代世界的挑战要求我们采取更多合作和协调。正如法国法学家米雷耶·德尔玛-马蒂（Mireille Delmas-Marty）所言，关于全球的安全、健康或可持续性，我们更应讨论的是"共享的主权，而非孤立的主权"。合作、自由、竞争和安全可以交替进行，通过结合或对抗，既可能带来创新和整合，也可能引起排除和保守。在理解当代国际关系和全球化日益增加的复杂性，尤其是在农业或谷物领域的实际发展中，这种视角尤为重要。

小麦：战争与和平之间

国际关注焦点

关于全球小麦更好的治理想法可以追溯到几十年前，这个议题最早在两次世界大战之间就已提出，随后在 20 世纪后半叶经历了连续的发展。1949 年，在美国的倡议下成立了国际小麦理事会（CIB），旨在确保将小麦分配给处于紧急粮食状况的国家。该协议主要涉及两个重点：价格的稳定和为进口国保障供应的安全。另一个要素纳入了所采取的多边措施之中：即提高对全球小麦生产和贸易统计知识的了解。1995 年，国际小麦理事会变更为国际谷物理事会（CIC）。在此期间，随着市场变动，该理事会的职能也随之变化。当价格低迷时，全球小麦治理的问题就会被提出。而当市场价格被认为对生产者和消费者来说处于合理水平时，数据统计问题就会成为讨论的焦点。

市场关键数据

直至 1973 年，国际谷物理事会仍然是发布国际谷物贸易统计数据的唯一机构。此后，美国农业部（USDA）开始在这一领域发挥作用，提供涵盖几乎所有农产品的全球统计信息。对小麦领域而言，国际谷物理事会和美国农业部发布的报告成为两大主要的数据来源，这些报告不仅定

期更新，并覆盖全球。从2011年开始，农业市场信息系统（AMIS）也加入了数据发布的行列，过去十年间，农业市场信息系统补充了关于全球谷物市场状况的信息，丰富了国际数据来源。在法国，涉及大宗农作物，特别是关于小麦的统计，由公共机构法国农渔局（France AgriMer）和私营企业Agritel提供的数据被认为是权威数据。

如果小麦价格飙升，针对减少市场失控风险的机制将成为讨论的焦点。在此情境下，国家根据自身利益制定的政策往往占据上风，这虽然能带来某些好处，但同时也可能导致一系列适得其反的举措，影响市场调控的有效性：例如，单边实施的出口禁令、引发市场疑虑的矛盾声明，或是宣布雄心勃勃的行动计划而未提供充足的财政支持。

自1999年成立以来，二十国集团（G20）在2008年应对国际金融危机和构建新的全球治理架构中发挥了关键作用，农产品原料在这一进程中扮演了核心角色。特别是在2011年，法国担任G20主席国期间，将这一议题定为优先方向，鉴于当时这20个全球最强经济体几乎代表了全球80%的农业产出，因此，这一立场是必要并且受到欢迎的。随后，农业市场信息系统应运而生，旨在促进数据共享，改善现有信息系统，加深对食品价格变动的共识，并促进政策层面的对话。小麦随之成为农业市场信息系统的重点监测商品，该系统由位于罗马的联合国粮食及农业组织（FAO）托管。无疑，这些关于产量、消费及交易动态的信息，有助于形成对未来价格的预测，使市场能够更高效地运作。反之，信息的缺失、低质或不准确会严重损害市场的有效性并加剧价格波动。农业市场信息系统的发展标志着真正的进步，尽管它看起来更像是促进国家间合作的工具，而不是直接作为市场参与者理解全球平衡的工具。2022 年以来，农业市场信息系统在政治和外交层面上的角色变得更为微妙，围绕这一机制的可持续性出现了许多疑问，特别是一些国家试图控制其功能和运作模式。在多边主义的框架内，总会出现领导者和主导国。但是拥有领导力和带领集体向前迈进是一回事，施加权威压力甚至对其他参与方施以控制则是另一回事，仅有表面的多边主义往往难以持久。

从乌克兰危机到全球混乱

2022 年 2 月，俄罗斯和乌克兰之间的冲突发生，鉴于两国在全球粮食生产和出口中扮演的重要角色，这场冲突对国际农业市场造成了巨大的冲击。前文已就这场冲突的局部影响进行讨论，这里需要重点讨论这场冲突及其连锁效应对全球的广泛影响，无论是地理上、行业上，还是时间上，乌克兰失去了通过海路出口的能力，从 2 月底到 7 月底，无一艘船舶离开乌克兰。在冲突前，小麦的价格就已经居高不下。2022 年 5 月中旬，小麦价格达到了每吨 440 欧元的历史最高点，乌克兰的前景以及全球范围内的一系列的单边宣布行动增加了不确定性。例如,印度宣布禁止小麦出口,加之前文提到的各种其他紧张因素;乌克兰在全球小麦市场上的缺席,使得市场更加紧张,小麦价格波动加剧。尽管世界各国面临着不同的问题,问题程度也有所不同,但是,各国都感受到了谷物和油籽作物价格上涨所带来的冲击。化肥和能源价格也随之上升,各国发现自己对黑海地区这些战略产品的依赖感到震惊。实际上,2018—2021年,有7.5亿人生活在从俄罗斯和乌克兰购买50%~100%小麦的国家中。因此,其中一些国家在国际场合和联合国场合中,避免批评或投反对票给俄罗斯。俄罗斯就像它对天然气所做的那样,挥舞着粮食作为武器,尽管这些俄罗斯资源的地理位置并不受到常规客户的青睐。即便在冲突中,出口的实效性降低,俄罗斯仍继续装载并出口其谷物,也没有忘记提醒世界,它可能将这些谷物的出口条件限于盟友或友好国家。

关于粮食安全的担忧自2022年春季起逐渐加剧,众多政治领导人和国际机构关于全球危机和“饥荒飓风”风险的声明便是证明,这一表述出自联合国秘书长安东尼奥·古特雷斯(Antonio Gutteres)。对许多国家来说,短期内的关键是避免社会骚乱,这些骚乱会增加现有的不稳定因素。然而,与以往的粮食危机中寻找多边解决方案的做法不同,2022年见证了多个倡议的提出和实施。担任欧盟轮值主席国的法国,很早就针对这些问题发表了声明,并于3月24日发起了食品与农业韧性使命(Food and Agriculture Resilience Mission, FARM),这一机制结合了紧急援助措施、贸易保护和促进可持续生产。尽管这一多边机制面临资源限制，以及来自其他机制的竞争。例如，德国作为 G20 主席国，于 2022 年 5 月启动了与世界银行合作的全球粮食安全联盟。美国通过其强大的国际开发署（USAID），贡献了 G20 响应危机动员的 45 亿美元预算中的一半以上，致力于推广名为"未来养育"（Feed the Future）的全球粮食安全的政府倡议。为了寻找替代出口途径，2022 年 5 月起，欧盟承诺通过建立陆地粮食走廊，促进成员国之间的粮食流通，虽然火车、卡车或驳船的装载量不如货船，同时欧盟正式向乌克兰当局提出了加入欧盟的前景。联合国方面，自 2022 年 3 月起，通过成立全球粮食、能源和金融危机应对小组，并自 7 月起就乌克兰谷物出口问题达成协议，标志着自冲突以来的外交进展。这一涵盖俄罗斯和乌克兰的四方协议在联合国和土耳其的主导下签署，使得船只得以离开乌克兰港口或抵达该国海岸，尽管面临一系列物流、卫生和安全难题，这项关于黑海谷物走廊的协议使得从 2022 年 8 月 1 日至 11 月 1 日，共计四个月内，1000 万吨乌克兰的谷物得以出口，这四个月内，全球市场价格得到暂时稳定，这得益于乌克兰出口的恢复和黑海地区海上贸易重新开始。值得一提的是，同期内，欧洲陆地粮食走廊成功运输了 1500 万吨谷物，证明了陆地粮食走廊在特定时期乃至结构上的有效性。实际上，当俄罗斯海军于 2022 年 10 月 29 日在塞瓦斯托波尔遭到一次水下无人机攻击后，俄罗斯就决定退出这一四方协议，并威胁不会持续联通这一黑海的谷物走廊，几天后土耳其的外交努力使得该协议得以重新启动，这证明了土耳其在该冲突及未来谷物交易进展种的关键作用。而中国方面，特别是通过支持联合国粮食及农业组织的分析和建议，努力发挥自己的作用。

在这里必须指出，关于 2022 年粮食危机的叙述一直处于激烈交锋之中。俄罗斯谴责西方对俄罗斯及全球多个国家施加制裁而触发了这场危机。许多国家希望保持中立，更重要的是维护自己的利益，并确保从全球市场获取所需的产品。塞内加尔总统，也是非洲联盟主席的马基·萨勒（Macky Sall），便传递了这样一个信息，他于 2022 年 6 月访问索契会见俄罗斯总统，同时也紧密关注欧洲的决策圈。毫无疑问，俄乌冲突引发了一系列地缘经济的重构，不论这些重构是否由新冠疫情的大流行所引发。化肥问题尤为突出。受原材料价格和能源价格上涨的影响，矿物肥料的价格逐步成为乌克兰冲突加剧下农业和粮食紧张局势的核心。俄罗斯是全球最大的化肥生产及出口国之一，值得一提的是，对氮、磷和钾的需求是欧盟极其薄弱的领域，因为欧盟超过一半的化肥采购来自俄罗斯、乌克兰和白俄罗斯。因此，战争使欧洲国家面临能源以及化肥的双重依赖风险。许多非洲国家同样面临这一挑战，尽管这些非洲国家对化肥的依赖相对较少。另一方面，巴西农业大量使用化肥，迫使国家领导人评估因缺乏化肥供应而导致生产下降的风险，并因此积极寻求加拿大或摩洛哥等国的合作，以满足巴西经济主要部门每年对钾和磷酸盐的需求。在 2022 年 7 月的金砖国家峰会上，俄罗斯总统普京向时任巴西总统博尔索纳罗承诺，在未来的化肥销售中将给予巴西优惠，这一承诺似乎并未被继任者卢拉所质疑，后者宣布巴西将在乌克兰冲突中保持中立。这是全球去西方化趋势中的一个案例，这一趋势在乌克兰冲突的背景下默默展开，并已经持续了数年，其中农业和粮食部分在这个整体动态中占据了重要的位置，这一点也值得进一步地深入分析。

小麦治理思考

除了市场运作（包括市场流动、市场波动、市场投机等）以及致力于为最脆弱国家提供紧急人道主义援助的手段（涉及行为主体的角色、任务分配、优先考虑的目标国家等）之外，每一次粮食危机都会重新激发关于农产品用途（食用、工业或能源）以及存储问题的讨论。这些存储应该设置在生产国还是消费国呢？此外，有关小麦市场动态最可靠及时的数据，并不是公开可得的，而是藏于粮食公司和私人交易商的数据库中：正是它们掌握了关于收成、商业流通和未来需求的关键信息。同样，尽管全球治理在理论上是可取的，但实际上却因一个简单的问题而显得格外困难：到底应该管控什么呢？小麦并不是一个仅通过调节供需来规范的商品。事实上，气候因素是核心，气候对市场产生直接影响，原则上是无法控制的。一个可能的解决方案是建立一个缓冲或紧急库存，以缓解由气候条件引起的市场不稳定性，并预防社会政治灾难。然而，除了先前提及的存储问题之外，还会出现三个复杂的问题：首先，谁将负责资金问题？其次，谁负责维护和保护？最后，谁有权力决定释放储备？再者，小麦的时间周期与国际组织的时间周期不同，使得任何治理尝试都极为困难。由于气候因素的即时性及其对市场的直接影响，关于小麦生产的信息速度极快。与此相反，任何国际机构对于特定情况的响应时间，都会使其在处理类似小麦这样的问题时显得落后，因为响应是在问题已经影响市场后才开始考虑解决方案。

　　与其在全球层面上治理小麦，不如更适合地倡议一种区域性的方法，让特定的组织承担起组织市场的责任。参考欧洲共同农业政策（CAP）的模式，这些组织可以确定一个最低国内价格以促进本地农业的发展，同时，设定一个最高价格以控制进口数量。这种内部存储机制旨在平衡过剩与短缺。通过这种方式，可能将参与者数量缩减至几个平衡的区域市场（例如，非洲、欧洲、亚洲、美洲等）。然而，至2022年无论是小麦的全球治理还是这种变革都仍然是一种理想化的想法。全球农业市场虽已全球化，但并非形成一个统一的整体，而是多个微观市场的总和，通过物流基础设施网络和信息技术相互连接。一个区域与其他地区断开，意味着生产找不到出口或人口无法获取必需的食物。在缺乏适当物流支持的情况下，市场交易和平衡机制将无法正常运行。近几次小麦价格的危机（2007—2008年、2010—2011年、2012—2013年、2021—2022年）凸显了强化供应链的迫切需要。随着市场平衡日益脆弱，可用性相对于需求降低，保证流通渠道的畅通，以便在恰当时机将小麦从收集地转移到消费中心，特别是从存在过剩的地区转移到需求超出国内生产能力的地区，变得尤为关键。面对这些挑战，未来几年情况可能会进一步加剧，国际贸易在解决全球谷物供需平衡方程中的作用将变得更加重要。国家间的相互依赖性将进一步增强：出口国需要在充满竞争的环境中寻找销路，而进口国则需要更加确保其供应的稳定性（包括定期供应、质量、支付能力和基础设施支持）。这一切都伴随日益增加的气候不确定性，增大了风险和不同年份间可能出现巨大差异的可能性。

从另一个角度探讨全球治理问题，即粮食供应问题，一个可行的方向是创造有利条件，让农民能够在一个安全的环境下生产，从而激励生产活动。农业发展的首要前提是为农民提供长期投资的条件，由于改善土地质量需要数年时间。因为土地和设备成本只能长期摊销，所以这就需要农民必须拥有自己的土地，以便在需要贷款时可以用作抵押，同时保证一个有利的价格，让他们能够进行长期且低风险的投资。在探索更好的全球粮食治理方案的过程中，也提出了加强小麦生产力研究的问题。因此，在2011 年 G20 会议期间，成立了一个由小麦主要参与者，包括种子部门和研究人员组成的联盟，尤其是在寻找适应新气候条件的小麦品种迫在眉睫的情况下，小麦倡议的成立是值得称道的。

这些动态都是在一个以控制原材料的权力游戏和竞争为特色的全球背景下展开的。如同其他食品一样，谷物处于这场资源地缘政治的中心，而在这个时期，多边主义显然正遭受挑战。尽管为了满足本地需求并减少对国际小麦市场的依赖，本地生产量需要增加，但这种自给自足需要采取一种综合而务实的方法：如果国内的产量不足以满足需求，就必须制定商业策略，确保能够提供符合国内需求，并且在力量关系上平衡的定期供应。但这就形成了小麦这一至关重要的商品的全部矛盾：它是一种全球化的商品，其产量至今仍在增长，但对于生活条件不同的数十亿人而言，它却是一种宝贵的消费品。这里体现了个人的不安全感和对未来的忧虑：在资源短缺成为问题之前，无论是物理上，还是经济上，定期地获得这一资源的能力才是关键。世界上只有少数国家生产大量的小麦，它们肩负着巨大的责任。这些国家围绕这一关键生产的战略行为，可能会对世界的稳定和和平作出贡献。反之，如果被用于操纵或恶意目的，这些国家可以利用小麦作为一种武器，以此来削弱竞争对手，对某国进行制裁或征服领土。因此，我们需要用这种前瞻性思维来思考，近年来全球小麦领域的一大变化是否就是见证了中国通过发展国有企业——中粮集团来"中国化"其供应策略，尤其是在中美竞争可能加剧的背景下。同样，俄罗斯也在努力"俄罗斯化"其谷物业务，从国内小麦遗传学研究，到通过俄罗斯外贸银行（VTB）提供的金融支持，再到由德梅特拉公司[2]部署的陆上和海上粮食输送管道，用于出口俄罗斯小麦。

在世界地缘政治和经济格局的转变中，小麦在国际关系中的战略中心地位以及其在世界稳定或混乱状态中的作用并未改变。"新冠疫情"、乌克兰危机、中国式全球化以及气候变化适应和转型的挑战，都暴露了各国世界观的根本分歧、国家对某些依赖关系的风险，并体现了地理因素的反弹。面对复杂的挑战，全球更加需要团结与合作。然而遗憾的是，这并非是当前的主流趋势。反而我们应当重新审视法国的农业，认识到小麦生产不仅仅是农业活动的一部分，也是具有更广泛意义的一个领域。

译者注

1　MiFID（Markets in Financial Instruments Directive，金融工具市场指令）是欧盟的
　　一套金融法规，目的是提高欧洲金融市场的透明度并增加投资者保护。这些规则
　　首次在 2004 年制定，并于 2007 年实施。MiFID 后来在 2018 年被更新为 MiFID
　　II，以解决 2008 年金融危机暴露出的一些问题，并进一步加强市场透明度和投资
　　者保护。

2　Demetra-Holding 是一家位于俄罗斯的公司，专注于谷物的贸易和出口。它是俄
　　罗斯谷物市场的重要参与者之一，活跃于农业部门，特别是涉及小麦、大麦和其
　　他谷物的收购、存储和销售。

Le blé : une ressource stratégique pour la France

08

小麦力量：法国的战略资源

21 世纪初以来，农业重新屹立于国际战略舞台，小麦的力量依旧强势。一些谷物强国正在强化其政策，以便在全球化的背景下维持或加强它们的优势。相反地，许多国家愈发依赖外部供应，试图通过寻找可靠的供应商，确保其进口的安全。如此背景下，法国更不能袖手旁观，毕竟小麦是法国历史和地理的一部分。此外，小麦还是法国经济和领土的优势，也是法国国际影响力和外交领域的优势。在谈及有关法国地缘政治，以及关于新的法国实力的拓展领域时，我们必须意识到上述观点。

小麦："黄金石油"

经历了 1973 年一系列全球经济和能源的冲击后，一句政治口号成了主旋律："法国没有石油，但它有点子。"虽然法国确实没有化石能源，这也很大程度解释了法国选择核能来满足其能源需求。相反地，法国拥有另一种原材料——小麦。法国的小麦种植在 20 世纪的下半叶得到了发展。

优势意识

在法国，小麦的政治意义源远流长，其中一部分已在前文提及，其重要性可追溯至中世纪的什一税、法国大革命以及两次世界大战。19 世纪，尤其是在 1815—1885 年，法国小麦产量缓慢增长，从每年 400 万吨增至 1000 万吨。这一增长得益于耕地面积的扩展，从 500 万公顷增至 700 万公顷，这是至今也未能再次达到的最高水平。然而在这一时期，由于技术掌握不足，小麦产量波动较大，且受到年份和地区差异的显著影响。法兰西第二帝国时期，在自由主义的影响下开始进口小麦，每年进口量超过 100 万吨。到了法兰西第三共和国时期，随着人口增长，小麦进口量进一步增加。总体来说，法国人的粮食状况有所改善，饥荒消失，白面包在餐桌上也越来越普遍。19 世纪末，在朱尔·梅林的倡导下，法国开始强化和保护国内农业，寻找到了商业开放和国内生产偏好之间的平衡。两次世界大战对法国经济和领土造成了重大影响，社会也陷入混乱。法国的小麦产量在 1907 年达到峰值后迅速下滑，直至 1954 年前都未能恢复至此水平。

1943 年，莫里斯·鲍蒙（Maurice Baumont）教授写道："无论溯源回多远的过去，没有哪个国家不曾努力过组织小麦市场，也没有哪个产品招致如此多的法律和规则。"这一观察至今仍适用于法国，并在战后具有现实意义。农业在法国的战后重建起到了至关重要的作用。法国凭借其农业部门恢复了在欧陆的地位，同时重启了法国的生产力，并积极推动建立共同市场的农业政策（PAC），以支持欧洲共同体计划。在此之前，法国在战后首要的任务是养活全体国民，同时重建对安全努力至关重要的一系列领域。法国依靠国家谷物行业办公室（ONIC），这是由 1936 年成立的国家小麦办公室过渡而来，为的是更好地分配面包。这是一个巨大的挑战，法国虽然摆脱了德国的占领，但饥饿威胁着国家的一部分，因此必须投资生产，提高面粉质量，同时控制如此珍贵的面包的分发。这种配给制度一直持续到 1949 年 2 月，即巴黎解放后的四年半，平衡阶段非常脆弱。1945 年和 1947 年是灾难性歉收的两年，法国必须从他国进口小麦。然而法国仍然依赖法国在北非的殖民地来满足本土的需求，直至 20 世纪 50 年代中期，来自马格里布地区的小麦仍至关重要。这样的地缘历史回顾并非无用，因为现今在分析这种跨地中海的谷物相互依赖关系时，这种流动已经发生逆转。

20 世纪下半叶，农业现代化成为经济发展的支柱之一。1960—1962 年颁布的指向性法律意味着法国在建设农业领域表现出的决心。通过共同市场的农业政策的补充，这些政策的成果显著，尤其是小麦生产领域。20 世纪 50 年代初，法国的小麦产量为每公顷 1.8 吨，十年后产量达到每公顷 3 吨，这一产量已经超过了其他生产国通常的记录水平。更值得注意的是，从 20 世纪 90 年代起，法国小麦平均每公顷产量已经稳定地超过 7 吨。在某些地区，特别是巴黎盆地、皮卡第和北部 – 加来海峡地区，小麦的每公顷产量达到 8 吨，甚至 9 吨的高峰。因此，法国国内的小麦产量逐渐增长，1960 年的产量约 1000 万吨。从 20 世纪 90 年代起，法国小麦的年产量稳定超过 3000 万吨，种植小麦的耕地稳定在 400 万 ~500 万公顷。进入 21 世纪，法国小麦年产量约为 3500 万吨，甚至在 2015 年创造了 4100 万吨年产量的历史记录。这些进步应该被置于全球发展中来分析,法国的小麦产量每年占全球小麦产量的 4%,而小麦种植面积占全球小麦种植面积的 2%。法国是全球主要的小麦生产国之一,位于中国、印度和俄罗斯之后,紧追美国,且与加拿大、澳大利亚和乌克兰在近几年争夺全球第五大小麦生产国的位置,生产力的提高使得法国能够提升小麦产量。然而值得注意的是,在经历了 20 世纪 60 年代至 90 年代进步的阶段后,法国的小麦产量增速在过去的二十年明显放缓,收益与产量的曲线趋于平缓。土壤的过度耕作和某些地区的缺水情况是不容忽视的问题,就像随着现有技术水平不变且持续的情况下,法国的小麦产量达到不可逾越的水平。如果算上气候变化加剧的因素,就像最近几年所观察到的,可以相信法国的小麦产量在未来仍将保持在 3000 万 ~ 4000 万吨的范围内。这是一个具有重要意义的产量,因为它可以满足法国国内市场的需求,并有助于供给欧洲市场,甚至国际市场的需求。

过去的半个世纪,如果精密的生产性回应无疑问对环境产生了影响,那么地缘政治框架在方向的选择上也发挥了重要作用。在追求独立自主愿望的过程中,法国必须拥有核能力和粮食供应的能力。整个欧洲,在追求经济一体化和反战的目标时,必须确保足够的农产品产量。作为欧洲大陆人口的基本粮食,小麦重新处于粮食的核心地位。而此时世界被分为西方世界和苏维埃集团,两大集团的主要分界线就位于欧洲。一篇发表在 1912 年的文章表达了对国家谷物脆弱性的担忧。

"一个国家引以为傲的土地财富中，小麦的生产位于最前列。能生产出国民消费所需全部小麦的国家是一个富裕的国家。小麦，就是面包……我们不再害怕饥荒，但是我们却时常担心面包的昂贵……小麦的价格，只有到法国随时生产出满足所有消费所需小麦的那一天，才会变得稳定……法国人害怕成为在困难年份，依赖全球小麦救济的怜悯对象……我们必须生产所有的小麦，以便于制作所有的面包。只有到了那一天，我们才能真正成为自己的主人。没有任何危机能够威胁到我们，因为我们不再需要从外面购买一粒小麦。"

这段话强烈地反映了那个时期，法国依赖国外进口来保障法国粮食安全的情况。一个世纪后，法国不再处于这种不适的战略状态中，这是因为法国农业坚定不移地将小麦生产作为首要目标的政策，享受政策带来的胜利成果。气候变化和生态转型对这一政策目标在未来的稳定性提出质疑。这种政策是否一直持续？如果持续，将采取何种形式？而这一问题的答案是否部分依赖于对小麦种植的保护，以及为小麦供给养分的能力。因此，这一问题也涉及肥料的可用性，甚至是肥料能否自给自足的问题。那么如何同时增强小麦的地理因素、经济因素以及外交因素？

因地制宜

截至 2022 年，法国谷物种植所占的土地面积为 900 万公顷，即 90000 平方千米，相当于占据法国农业用地的三分之一，法国领土总面积的 17%。法国谷物种植中，60% 的份额为小麦种植。其中主要由软质小麦（占 470 万公顷）构成，而硬质小麦[1] 约占 25 万公顷。数以千万计来到法国的游客被法国多样的乡村、田野和美食所吸引。虽然不是所有游客都乘飞机来到法国，因为法国位于欧洲的十字路口，陆路海路同样畅通无阻。然而大部分的抵法游客还是乘坐飞机，并且是日间航班。为什么要特别强调这一点？如果说城市的灯光让法国的夜晚绚烂，那么白天从天空俯瞰的农田，则给予这个国家最明艳的色彩！飞机上的乘客，就像任何一个搭乘法国高速列车（TGV）的游客一般，常常对这些青翠有序的景观发出惊叹，他们和大多数法国人一样，可能不知道法国本土近 10% 的面积被小麦覆盖，游览法国，除了在城市外，就会发现小麦在法国乡村的重要地位。

软质小麦在法国的地理分布就像一片圆弧。这片圆弧从上法兰西大区一直延伸到卢瓦尔河地区和普瓦图 – 夏朗德，途经巴黎盆地和中央大区，同时也不忘诺曼底、香槟 – 阿登、洛林、勃艮第和米迪 – 比利牛斯的产区。但法国北部的小麦产量已经更高了。小麦受到气候变化的影响较小，如同法国南部，以及中间地带（土壤条件较差且降水较少的地区）相比，法国北部地区与它们在产量上的差距日益增大。伊昂、阿列、科特多尔、阿韦龙、维埃纳和德塞夫勒省的产量情况正在恶化。这一趋势引发人们一定的担忧。因为法国长期以来以小麦产量的高度稳定而著称，相比于法国，全球其他大国更多地受到气候因素的冲击，造成收成极其不稳定的情况。而法国现在也同样担心这个问题：从第一年到下一年，谷物的产量和质量都会随着天气和自然条件的变化而变化。面对愈发频繁和严重的气候灾害带来的风险，法国的谷物生产必须弹性发展，这种弹性发展需要建立在国家层面的区域互补的基础上（图 8-1）。

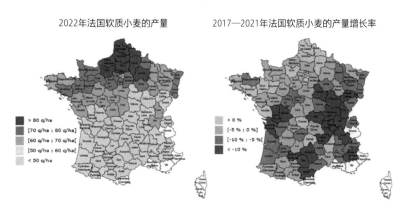

图8-1 法国软质小麦产量差异化趋势分析

数据来源：Agreste（农业部下属一个统计服务部门，专注于收集、分析和发布有关农业、林业和渔业的数据。）

至于硬质小麦，其地理分布更为集中，主要分布在法国的西南和东南地区，同时在法国中部的一些地区也有种植。2022 年法国硬质小麦的收成为 160 万吨，远低于在 2015 年提出的 300 万 ~ 350 万吨的目标，这个目标旨在重新推进硬质小麦的生产。需要指出的是，2010 年以来法国硬质小麦的种植面积已经从 50 万公顷下降到不足 30 万公顷，然而彼时法国的硬质小麦产量还在 250 万吨左右。硬质小麦生产的发展路径尤其令人遗憾，因为目前全球市场对硬质小麦的需求量很大，小麦的时价也有利于生产者。法国是仅次于意大利的欧洲第二大硬质小麦生产国，产量位居世界第二。然而，在法国生产者的眼中，硬质小麦依旧是一种风险较高的作物（质量标准、极易受霜冻等），他们更倾向种植其他盈利能力更为稳定的作物。

> ## 以下是一些关于法国农业、农产品加工业和谷物产业的数据，以便了解更多情况：
>
> 农业占法国就业的 2.5%，相比之下 1960 年的数据为 20%，这代表法国农业创造了 58 万个全职的就业岗位。法国 52% 的领土面积用于农业，大约有三分之一的省份，其超过总面积 60% 的土地被农业活动所占据。但从 2010—2030 年，法国本土失去了 10 万个农场，目前剩余 39 万个，相比之下，1960 年的数据为 230 万个，其中四分之一的农场由女性领导，30% 的农场面积小于 10 公顷。农场主中，有 25% 的年龄超过 60 岁，20% 的年龄不到 40 岁。超过一

半的农场专注于植物生产，特别是谷物。欧盟 27 个成员国当中，法国拥有最多的农业用地，并且是第一大农业生产国。在小麦领域，法国占欧盟总收获量的四分之一。法国农业占国内生产总值（GDP）的 2%，如果加上农产品加工（IAA），这一比例上升至 4%。法国农业每年产生 370 亿欧元的毛增加值，农产品加工业增加 460 亿欧元。在营业额方面，法国农产品加工企业在欧洲排名第二，仅次于德国，产值达到 3600 亿欧元。半个世纪以来，法国的农业和农产品加工业贸易平衡一直呈现结构性顺差。尽管自 2010 年以来有所收缩，但它仍是法国持续展现显著商业优势的少数经济活动领域之一。谷物是继饮料、葡萄酒和烈酒之后，法国农业出口的第二大项目，其中小麦是主要的谷物产品。2010—2020 年，法国小麦的年平均出口额在 50 亿~70 亿欧元波动。

　　鉴于来自气候的挑战，关于法国谷物种植业未来的探讨是必不可少的。这需要保持理性，同时观察到政府也在支持农业，社会在关注粮食安全。因此谷物仍然是核心所在，但或许围绕这一战略性领域，出现了新的地理方面的问题。来自环境的挑战是真实存在的。我们需要更"好"地生产，即减少农业活动对生态系统的影响，尽可能地在谷物的产量和质量上寻求最佳的平衡点。

为此科学和实践创新应运而生，以便对比过去更加精确地耕种，更少地进行化学投入。生态进步的举措正在实施，比如高环境价值（HVE）认证，该认证认可农场的过渡动力和对可持续发展的追求。法国农业正处于变革中，并且已经改变了时代，因此，小麦产业作为法国农业格局中不可或缺的部分，在这一系列的变化中发挥着至关重要的作用。换言之，如果没有小麦产业，法国的农业体系都很难改变。如果缺乏谷物种植业，尤其是小麦产业的强力支持，法国农业就不可能实现可持续发展。

此外，关注法国小麦的地理分布意味着什么？这一领域的规划是否得到应有的关注？气候风险管理是一回事，阻止对农业土地资本的破坏是另一回事。过去几十年，随着法国的城市化进程的加速，农业用地一直在减少，这一影响远远大于农业活动对土壤环境造成的影响，这两种现象必须得到遏制。失去对土壤的控制以及允许土地人工化的加剧，将对法国的农业能力造成损害。因此，在2014年出台的农业用地保护措施广受欢迎，它是《未来农业、粮食及森林法》框架下的一部分。未来是否更进一步？在法国开垦新的农业用地？对于农业用地的这种警惕，也是基于国际环境的考量，大量金融投资客毫不犹豫在可耕地建仓，因为可耕地是一种全球分布不均的战略资源。不应该低估法国拥有的陆地实力，并且未来这种实力可能会越来越成为他国觊觎的对象。从长远来看，这种实力在法国地缘政治资本中将是不可忽视的一个因素。

法国在小麦问题遇到的地理挑战其实也就是后勤保障的问题。

法国在此领域优势明显：既能通过天然河流和运河来运输小麦，也能通过铁路或公路将小麦从田边转运到加工中心或者直通货船。法国将半数生产的小麦用作出口，其中相当数量的小麦通过海运的方式运输。有鉴于此，港口的接驳效率显得尤为重要。鲁昂是法国国家级粮食经济引擎，尽管面临着来自罗马尼亚康斯坦察港的竞争，鲁昂港依旧稳居欧洲粮食港口第一位[2]。拉罗谢尔·帕利斯港和马赛·福斯港作为法国大西洋和地中海的门户，各自在小麦出口领域发挥着积极作用。此外，位于北海的港口敦刻尔克也在不断发展，该港潜在的实力与其野心相匹配，目前已成为法国第三大农业港。生产商、地方政府、仓储公司、托运公司和港口运营方共同组成了一个战略共同体。在任何情境下，寻求战略共同体的协同发展不可或缺，物流行业拉近供求双方关系，有机连接国内外两个市场。如若没有物流行业的支持，无论在本土范围还是国际领域，法国小麦产业将无法迸发如此强大的商业实力。面对其他粮食生产国的进步，物流行业的力量的壮大还需依靠长期稳健的投资，这样才能在自身发展的同时还能保持其在农业全球化中的竞争力。港口简仓的扩建和现代化，未来建设的塞纳河－北欧运河多式谷物联运模式，以及商业铁路升级改造等，这些都成为物流改革的样板。同时，应该重视这些基础建设中私营资金所占的份额。法国的农业合作社和农产品贸易商也参与了法国物流设施的建设，他们与公共当局一起对国土治理做出了贡献。这些要素也是法国小麦产业的特点：即在自身不断投资发展的同时高瞻远瞩，从未忽略与之配套的物流行业及工具产业的发展。

2014 年 11 月，时任法国经济部长的埃马纽埃尔·马克龙在研讨法国工业政策指导方针时指出，"全球化战争胜之于领土"，"没有工厂的法国是一个巨大的错误和幻象"。这番言论延续了其前任经济部长、改革先锋阿诺·蒙特堡的论调：法国必须重新工业化，重新布局某些领域。回溯这一历程是很有意思的，因为这些标志着法国在需扶持的战略部门上政治愿景的重新定位，而这些战略部门对保持法国各地区的社会和经济活力起到了至关重要的作用。在 2007—2008 年，以及 2010—2011 年的粮食危机后，农业和农业产业在国际层面被重新划分。在严峻的公共卫生事态和地缘政治紧张局势下，农业问题逐渐重新出现在各个国家的政治舞台，时刻提醒人们这些领域是保障社会安全的基石。粮食产业是法国乃至全球面临的核心问题，同时也是一个无法迁移的能带来丰厚产出的领域，基于此，粮食产业一直扮演着重要角色。众多国民为其发展也为其能适应竞争正辛勤耕耘。

重视生产者

如果说地理因素、公共政策对于建设一个强大谷物产业，可以起到至关重要的作用。那么对于能力及知识的长期动员也同样重要。这种动员可以利用国家的自然优势，运行着既定的经济发展战略。法国大约有 11 万个农场专门或主要从事谷物生产，占全部农场的四分之一以上。这些农场大多致力于改善环境表现和碳足迹。谷物生产者不仅意识到生产对于粮食安全和经济的重要性，同样也重视资源的可持续性要求。因此，为了实现全领域更有效的农业，谷物生产者通过协调当前要求与整合研究成果的方式，投入专业的生产实践。与其他农业部门一样，就小麦而言，一方面需要使小麦的产量要求同经济要求协调；另一方面需要适应生态足迹的限制。为此，小麦种植者不应在生态系统中孤立地存在。相反他应该在这个系统中不断发展：获取新知识、比较实践效果、分享各自经验、辨别可行应对措施、并与他人共同制定解决方案。小麦种植者需要咨询，但也必须表达自身的期望、困难和预期，以保证承包的自由。

农民非常了解与自然和人（包括消费者）联系的重要性，他们一直密切细致地维护着此种关系。然而农业世界有时自我感觉不受重视，这种感觉并非无据，问题在于社会对这一职业的极大误解，以及近年来农业与城市化及第三产业形成的鸿沟。前农业部长朱利安·德诺曼（Julien Denormandie）发明并推广了"生命企业家"这个词汇，他用这个词汇称呼农民。如果认同"生命企业家"这个说法，必须达到一个标准，即农民可以自力更生。我们不应该把法国农业的未来拘泥于环境的视角。为了确保农业长期的转型，增强该农业的吸引力，不应该低估任何涉农行业对社会认可的需求，也不能低估涉农行业可以创造收入和繁荣的必要性。这两点适用于所有种植业，包括小麦种植从业者，他们所在行业的财富差距明显。因此确实有必要调整法国的农业和谷物生产系统，从而减轻对环境的压力，保护土壤，适应不断变化的饮食习惯。但战略目标必须聚焦于多方面的获利，也必须符合强有力的可持续发展理念，旨在创造良性的发展路径，在经济效益与自然资源恢复之间寻找平衡，而这一切都要在日益增长的地缘政治和气候不确定性的背景下进行。这是一个涉及面广且复杂的议题，需要汇集农业知识、农业技能和农民的集体智慧。因此对小麦产业及其长久的发展而言，存在两个核心问题：一是人力资源，二是同科学的关系。

截至 2026 年，法国将近半数农民面临退休之年，其中谷物种植者占据相当大的比例。这种老龄化趋势伴随着职业吸引力的减退，后者的主要原因可归咎于经济因素。尽管政府已经对农业在促进可持续发展和能源转型方面的贡献给予了重视，但仍需围绕企业家精神和安全感进行重新动员。这两者互为依托：农民不仅可以是"气候战士"，同时也是和平的捍卫者，既创造环境价值，也促进社会与经济价值的增长。为避免社会人口学的衰退，需构建一个更广泛、具有战略意义且前瞻性的叙事框架。此外，维护集体信任，认识到农业领域的巨大多样性和各种经营模式的存在至关重要，这意味着法国不应走向一个"失地农民与无农农业并存"的未来。目标还应包括提高全体竞争力，确保每位农业企业家都配备了一个与其资源和环境相协调的强大商业计划。需要强调的是，如果法国希望保持农业生产者及其小麦产量，那么收入问题和工作满意度将成为不可回避的重要议题。

科学根本的重要性在当代农业发展中不可或缺。精准农业技术、决策支持工具、信息系统以及生物技术等，不仅促进了产量的增加，更重要的是显著提高了农产品的质量。在持续推动这种发展态势方面，创新活动成了主要的驱动力。法国与全球其他小麦生产国相似，必须不断加大努力，加速小麦遗传改良的进程，旨在提升产量、实现水资源的高效利用、保证高品质作物的收获，以及增强植物对生物和非生物压力的抗性。这一进程不可避免地要求弘扬科学文化和加强农业研究，这不仅需要在国家层面得到重视，而且还应通过国际合作平台来实施。国家农业和环境研究所（INRAe）及 Arvalis 植物研究所，在此过程中扮演了决定性角色。虽然气候变化问题经常成为公众关注的焦点，但例如提升粮食品质同样是研究的一个重要领域，旨在满足加工业和消费者的需求。这包括提高小麦蛋白质含量或改善面粉用小麦的供应等挑战。因此，科学家在农业创新和发展中发挥着领导作用。他们与农民进行持续的互动，农民基于其对自然科学的深入理解和实践，将自己的观察、直觉和现场发现带入研究和教育领域，从而造福更广泛的群体。最后，必须持续在农业领域鼓励冒险精神，这是实现进步的基石。这不是倡导盲目的尝试，而是需要在一个过于忌讳失败的社会中重新评价对失败的态度。在农业实践中，尝试新方法或系统时，鉴于每年仅有一次的收获机会来评估其优劣，因此将这些失败视为探索过程，作为长期转型思考和逐步实施改变的重要组成部分，是极其必要的。

农民在维护生命系统平衡中扮演着核心角色。他们与自然环境协同工作，而非采取对抗态度。在这一领域内，农民交替担任农学家、耕种者、企业管理者以及公众食品安全的贡献者等多重角色。为了从事这项职业，他们必须具备生物学、物理学和化学等领域的知识，其中技术知识与科学知识的应用相互交织。他们与科研界的频繁且实质性的互动也体现了这一点。为了更有效管理其农业经营，保障作物产量和品质，农民需在环境管理、商业流通及其他中间环节进行多层面的干预，这无疑需要投入大量的时间。粮食生产者利用数字技术、生物控制和地理定位等先进工具，提升经营效率，他们愿意调整自身的种植实践，并现在开始应用数学来同时满足经济效益与环境可持续性的需求。在当前农业职业吸引力下降的背景下，强调这些结合了现代化、技术和创新的谷物种植职业的重要性，显得格外迫切。

从更宏观的视角下考量，法国的谷物产业链直接及间接贡献了约440000个就业岗位。虽然这些岗位并非全部集中于小麦种植，但考虑到小麦在法国农业景观中的重要地位，可以肯定地说，小麦是该产业的核心力量。这一产业链中的就业岗位展现出几个鲜明的特性：它们无法被外包，职业类型极为多样且处于一个具有长远发展前景的活动领域。实际上数以十万计的工作岗位遍布法国大陆，从农场到沿海的港口终点，覆盖了从收集、运输到加工和贸易的完整链条。尽管小麦种植主要集中在某些特定区域，但这一产业的社会经济网络在全国范围内具有更广泛的分布。大约2000家参与多元化活动的企业和机构支撑了这一网络,它们涉及储存、磨粉、农业供给、金融、分销、研究、行政管理、咨询、运输等领域。尽管软质小麦的主要市场仍然是人类食品消费,无论是在国内还是国际上,但也需注意到其他用途,如动物饲料(近年平均占比13%~15%)、淀粉生产(8%~9%)和生物乙醇生产,以及预计将增加的植物化学品领域[3]。法国的小麦产业组织无疑具有全球唯一性。特别值得一提的是,产业与公共政策之间的持续对话,特别是通过由法国农业渔业局(FranceAgriMer)协调的大宗作物委员会,为粮食专业人士与国家政府机构之间提供了一个有效的交流平台。这种坚实而透明的组织结构,在国际舞台上提供了不小的竞争优势,因为它确保了可预测性和安全性,这在其他谷物生产大国中并不总是可见的。

法国面包:传统与现代的融合

在法国,种植一公顷的软质小麦平均产出5.5吨面粉,足以制作25000根重250克的法棍面包。法国人日均消费面包量为130克,且自20世纪60年代以来面包消费量已减半,但80%的法国人仍然每天食用面包。面包甜点店依然是食品工业中极为重要的行业。在法国尽管工业面包店和各种规模的连锁超市均可购买到面包,但35000家手工面包店占据了面包市场的三分之二，并在提供不受经济危机影响的众多就业岗位的同时，承载着法国文化遗产的一部分。自路易十六时代以来，著名的法棍面包就与世界其他常见的圆面包形成了鲜明对比。得益于法棍面包受到广大消费者的喜爱，这种独特的面包正越来越多地被出口到国外，成为法国向世界推广的一项技艺。2015 年在米兰举办的世界博览会上，法国馆以一家面包店迎接访客，展现了法国农业的特点和优势。这次米兰世博会的主题专注于食品安全，因此法国的这种展示意义非凡。同样地，世界各地一些发展中的面包学校也邀请来自法国的讲师来校授课。不久后联合国教科文组织即是否将法棍面包列入人类非物质文化遗产名录给出答案。

在一个将饮食文化视为精髓的国家，面包无疑在法国饮食遗产中占据重要位置。1993 年法国颁布的一项关于面包的法令，为"法国传统面包"定下标准：无论面包的形态如何，都不能使用任何添加剂，避免任何的冷冻处理，遵循特定的发酵程序，并且原料只能由适宜烘焙的小麦粉、饮用水和食用盐组成。目前法国的面包店每年能生产出约 70 亿根法棍面包，日均可达到 1900 万根。面包店同样也象征着一种特殊的邻里经济，它们分布在绝大多数社区中，任何一个村庄面包店的关门都被视为该地区衰落的预兆。

对一个社区而言，如果面包的供应得不到保障，那么，对当地政府就会构成严重的政治风险。另外每个面包店与其面粉供应商的距离不会超过 200 公里。这种产业结构完美地回应了公众对质量、可追溯性和近距离服务的需求。结果表明，传统与现代性并不发生冲突：法国传统的面包店也开始提供愈发多样和精细的面包种类，丰富了消费者的选择。同时，随着吐司和早餐谷物等产品消费量的增加，面包行业面向工业化转型的趋势也逐步显现。

在法国，一根法棍面包的平均售价为 90 欧分（10 欧分 =0.1 欧元）：其中小麦生产者获得 7 欧分，面粉厂获得 3 欧分，其他原材料（如水、盐、酵母）的成本为 8 欧分，面包师的运营成本和工资为 53 欧分，税务、运输及包装的费用为 11 欧分。这样一来，每卖出一根法棍面包，面包师获得的利润为 5~7 欧分（利润包括了投资需求和创新能力）。至于农民是否可以得到公正报酬的合理价格，则取决于全球市场价格，以及这种价格是否具有盈利空间。

小麦：法国掌握全球化密码

无论从历史和空间维度，还是从经济和消费的视角看，小麦都被视为法国农业的核心作物。进一步而言，小麦在法国扩大全球影响过程中，起到了不可或缺的作用。小麦增强了法国对世界的影响力。然而必须清醒认识到，任何成就绝非一劳永逸，法国小麦在许多方面依旧十分脆弱。因此如果认为政府在推动如此关键的农业发展及产业优化领域中的作用已经过时，无疑是一种夸大其词的看法。与之相反，政府、社会、企业以及生产者必须同20世纪下半叶那样，紧密合作、共同前行，以"预防胜于治疗"的方式应对挑战。

作为一项无法外迁的国家产业，半个世纪以来小麦成为法国积极参与全球化进程的关键因素。小麦行业不仅对法国经济大有裨益，对许多其他国家的粮食安全平衡也至关重要。法国小麦的品质受到国际认可，相关行业参与者的专业性同样受到赞誉。因此小麦能否成为法国经济外交的一张名片，进而展示法国的商业成就、技术上的合作，以及肩负的地缘政治责任？我们需要在全球力量博弈加剧、目标与意图分歧加深的新国际格局下来考虑这一问题。如此背景下，法国比以往任何时期，都需要继续突出自身的特色，彰显自身的差异化。

从法兰西到世界

在这本书中我们讨论了国家间在自然资源配置和满足自身粮食需求能力上的不平衡。特别是在谷物生产领域，差异尤为明显。能够完全依靠自身小麦满足国内消费需求的国家非常少，而且，这类国家的数量还在减少，依赖外部供应构建粮食安全的国家名单自然而然地扩容。那些既能满足国内需求，又能出口小麦的国家更是寥寥无几。粮仓国家的数量近十年来几乎未见变化。法国则是最近刚刚加入这个"优势国家俱乐部"。从 20 世纪下半叶开始，法国通过依靠高效的农业来支撑国家经济，此种雄心不仅在国内收获颇丰，也帮助法国在对外贸易中取得成果。21 世纪初以来，法国通常位列全球小麦出口国的 4~6 位。20 世纪 80 年代以来，法国因为小麦产生了农产品的贸易顺差，尽管自 2003 年以来，法国的总体贸易平衡持续恶化，2022 年可能会创下超过 1000 亿欧元的贸易逆差记录，但得益于农产品和食品原料的对外销售，法国每年的贸易平衡情况会得到一定程度的改善。农产品在法国经济的三大顺差板块中占据重要位置，位列葡萄酒和烈酒之后。粮食每年都是法国出口量最大的产品之一，从 2016—2017 年年度到 2020—2021 年年度的五个销售季中，法国通过出售 1.25 亿吨粮食，收入 250 亿欧元。其中仅小麦一项就贡献了这一地缘经济成绩的三分之二（图 8-2）。

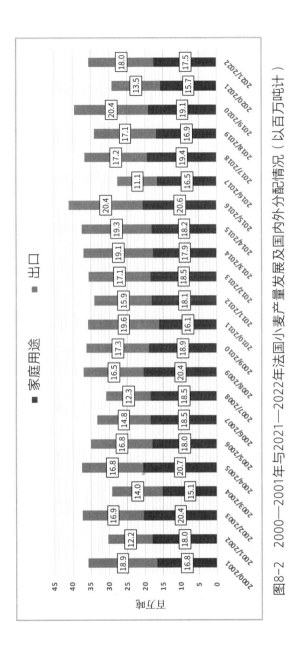

图8-2 2000—2001年与2021—2022年法国小麦产量发展及国内外分配情况（以百万吨计）

值得注意的是，法国将近半数的小麦产量用于出口。21 世纪初，有几个重要趋势值得关注，从 2000—2001 年到 2021—2022 年，法国共计生产了 7.65 亿吨小麦，年均产量约为 3500 万吨。虽然总体产量表现稳定，但 2016 年和 2020 年的产量降至 3000 万吨以下。在这些总量中，有 3.65 亿吨被出口，包括 1.7 亿吨销往欧盟成员国，以及 1.95 亿吨销往欧盟以外的国家。虽然直至 2007—2008 年，法国小麦出口主要以欧盟为主，但目前非欧盟国家已成为主要的贸易伙伴，特别是地中海南岸国家占据了大部分出口量：阿尔及利亚 6500 万吨，摩洛哥 2800 万吨，埃及 2000 万吨，突尼斯 400 万吨。这四个北非国家从 21 世纪初至今，总计进口了 1.17 亿吨法国小麦，占法国总产量的 15%。在此期间，它们吸引了法国小麦出口总量的三分之一，以及 60% 的非欧盟国家出口量。阿尔及利亚作为法国的首要客户，购买了自 2000 年以来法国小麦总产量的 9%，占法国农产品出口的 18%。单看 2010—2022 年，法国小麦出口的前十大目的地依次是阿尔及利亚（4400 万吨）、比利时（2600 万吨）、荷兰（2400 万吨）、摩洛哥和意大利（各 1800 万吨）、西班牙（1700 万吨）、埃及（900 万吨）、葡萄牙（800 万吨）、中国（600 万吨）和科特迪瓦（500 万吨）。这些前十大目的地国家与地区占了法国小麦出口总量的 84%，比率超过了俄罗斯、美国及乌克兰等其他小麦出口大国，这些国家的出口更为分散。值得一提的是，从 2019—2020 年到 2021—2022 年这三个销售季节开始，中国在法国小麦出口中的份额逐年上升，而阿尔及利亚的份额则呈下降趋势（图 8-3）。

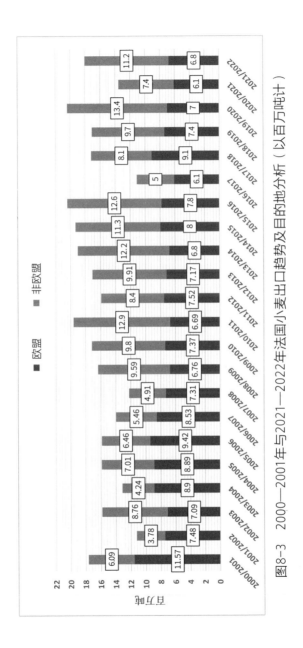

图8-3　2000—2001年与2021—2022年法国小麦出口趋势及目的地分析（以百万吨计）

经济外交工具

能够在本土大量生产小麦被视作一种财富。小麦种植是建立更好食品安全的关键因素。更为重要的是当小麦产量如此之高，以至于能形成可供出口的盈余时，国家便拥有了一个强大的战略优势。反之对于那些不得不从国外进口小麦的国家而言，就成了一个显而易见的结构性弱点。在国际市场上购买小麦，暴露了国家的脆弱性。如果每年都需要进行如此的采购，说明了一个国家在维护社会政治稳定和国家粮食安全的关键领域时，面临着持续的风险。能够生产并向外出口小麦的国家属小范围的受益国家，但同时也赋予了这些国家真正的责任。实际上愈发重要的是将贸易活动与合作机制结合起来，支持小麦短缺的国家。大多数小麦短缺的国家将在未来几年继续依赖贸易，对某些国家而言，这一现实甚至将变得更加严重。这些国家在未来几年内将继续依赖于贸易，对某些国家而言这一现实甚至将变得更加严重，但这并不意味着我们不应该帮助它们发展自己的谷物种植和产业链，更广泛地来说，（我们应该）帮助它们建立起粮食安全体系。

21世纪初以来，在22个销售季中，法国对欧洲及非欧盟市场的小麦销售额累计达到约800亿欧元，相当于800架空客A320飞机的价值。2013年以来农业和食品产业成为法国经济外交的优先领域，这一庞大的数字足以证明小麦在提升国家整体影响力方面发挥了重要作用。然而鲜有人认识到小麦是法国的"黄金石油"。更为关键的是，这种既能为国家经济带来显著收益的农作物不仅是可再生的，其作用也极为多元。当谈及列举法国力量的优势及王牌，以及法国在与世界其他国家关系中的一贯性和连贯性时，这种力量却鲜少被提及。此外，小麦的出口活动从未牺牲过国内的需求。有观点认为，小麦的生产量完全可以减半，仅满足法国市场的需求即可，这可能有利于在目前用于种植小麦的农田上发展其他作物。这种观点忽略了小麦对于满足法国蛋白质需求的核心作用、小麦在国内多个地区的良好适应性（并非所有作物都能做到这一点），以及法国小麦在国际市场上扮演的角色，后者对高质量小麦有着大量需求，这正是法国所能提供的。正如近年来巴黎国际农业博览会上展示的那句标语："法国小麦，世界的面包。"

法国是全球最主要的小麦出口国之一，北非则是法国在非欧盟地区的主要销售市场。如同欧洲市场一样，地中海南岸的市场成了法国粮食短途供应链的一部分。近年来这些地区的需求持续增长，而鉴于该地区面临的水资源和土地资源限制、气候变化的影响，以及政治持续不稳定等因素，给当地粮食生产带来挑战，没有迹象显示这一趋势将会逆转。虽然可能令人惊讶，但在法国种植和收获的每七公顷小麦中，就有一公顷的产量最终被北非消费。因此，一种相互依赖的关系已然形成，并不是一个简单的地缘经济的方程式。地中海南岸国家不仅依赖法国产的小麦，同时在国际市场上积极寻求竞争，应对供应竞争的加剧。它们密切关注法国的小麦产量、产业链进展及谷物行业的组织变革，以及法国在农业和外交政策方面的立场。同时，法国实际上也无法真正脱离这些市场，因为出于历史、地理和文化（包括小麦烘焙工艺）的原因，这些市场是最自然的选择，多年来一直是最为活跃（有数据支持），并且在未来（基于地缘政治考虑）将是处于最优先地位。换言之，北非的消费者仍然需要法国的小麦，而法国的小麦生产者也继续依赖地中海南岸的市场。这种互相依赖推动了关于对包容性经济外交的讨论。实际上，贸易需要与技术合作、科研合作、学术合作并行，以便法国和这些国家在农业发展、当地产业链结构、研发适应新气候条件的小麦品种，以及在可持续营养体系中提升粮食价值等方面共同前进。众多例证表明，以小麦作为支点，现有的多边合作未来可以进一步加强。

法国与小麦进口国保持着强大的优势和牢固的关系。然而随着小麦买家提出越来越高，且彼此间越来越多样化的要求，对法国软质小麦收成的品质带来了新的挑战。因此，法国需要提高生产质量，既为了满足法国社会的期待，也为了满足国外客户设定的标准。经济外交并不是将产品和成套模式强加给它国，而是要求倾听多元化的世界，并探索如何通过推广能满足具体和特定需求的产品，并与之建立连接。因此，在小麦生产领域，法国需要拥有三重目标：保持产量、提高品质，并明确知道为谁生产。法国向阿尔及利亚、摩洛哥、埃及和突尼斯出口小麦；这不是偶然的销售，而是具有地缘战略意义的持续流动，保持和维护这些流动至关重要，必须确保这些国家的供应安全，协助它们提高自身的生产能力，并在整个产业链上与他们合作，在这方面，法语圈是一个极佳的推进器。

法国的政策制定者有必要更好地将粮食维度纳入法国对地中海地区的经济外交策略中。在全球资源地缘政治格局的影响下，拥有地理资源优势的国家被迫更加重视这些资源。软质小麦不仅是法国农业的优选作物，也成为法国食品贸易标志，与某些知名葡萄酒和烈酒齐名。然而，尽管人们可能不需要烈酒，甚至不需要葡萄酒，后者更多是文化和社交的产物，正如前文提到的，小麦的消费历史悠久，且不断增长，对几乎半数的人类至关重要。凭借小麦，法国拥有开展高效经济外交的绝佳机会。实际上，小麦销售不仅促进了国内的增长，也助力进口国的稳定和发展。虽然法国既没有养活全世界的使命，也没有能力将其谷物推向全球每一个角落，但它可以在全球粮食平衡中发挥作用，在粮食竞争中，尤其是地中海地区扮演长期主导的角色。虽然这一区域的竞争日益激烈，包括质量层面的竞争，但法国小麦仍然具有高质量并受到追捧和期待。利用谷物的潜力和对农业的战略重视，可以支持法国在政治议程中讨论的"生产性复兴"，特别是在全球小麦需求日益增加的背景下。此外，作为一种关键而非致命的产品，在法国的经济外交中推广小麦而非"阵风"战斗机，更能将商业目标与国家的道德原则相协调。通过小麦，法国的经济外交和全球影响力得以充分展现：设立一位"粮食大使"的时刻已经到来。将法国外交的经济成效与道德原则相结合，应成为法国外交战略的真正追求。如此的经济外交旨在建立一个融合贸易、发展和全球人文安全的新模式。这一洞见虽然几年前就已形成，但现在在法国得到了更广泛的认同，需要明确的是，随着世界的变化，农业正在赢得其应有的地位。

构建全新农业力量

2022 年，全球粮食安全问题再次成为焦点。对于许多人而言，这似乎是一次全新的认识，尽管在我们的欧洲社会中，多年来就此议题已经形成一种逐渐增强的安全感。一些人重新意识到这个问题的重要性，特别是回顾 2007—2008 年曾震动世界多个地方的粮食危机，并同时催化多个国家爆发了民众抗议活动。这些事件，与国际金融动荡同时发生，当时就清晰揭示了农业在 21 世纪仍发挥着至关重要的作用。在法国，国家农业研究院（INRAe）和农业研究发展中心（CIRAD）的负责人当时给出了明确的结论：

> 我们需要明确地宣称，食品安全权是一项全球公共利益，尽管这个术语可能引起争议。极度贫困和粮食安全不足是导致政治动荡、移民问题和冲突的主要原因。随着人们对农业生产资源有限性的感知日益加剧，对这些资源的争夺将会更加激烈。除非屈服于闭关自守的逻辑，否则普

遍认为保障人们获得基本的食物和生产资源，是符合整体的公共利益。因此，制定协调一致的全球农业和粮食供应治理机制变得尤为重要，这不仅能应对来自多维度的食品安全挑战，还能预见并应对潜在的不稳定和危机。

这种重构并没有一直占据多边主义战略议程的高位，也没有长期处于公共政策的优先方向，或成为媒体的持续关注的焦点。2022 年 2 月俄乌冲突以来，重新唤起了全球对农业挑战的严峻性和粮食安全脆弱性的认识。这场冲突引发的不稳定状态，与逐渐积累的紧张局势相互作用，使得农业活动和寻求粮食的过程在更长的时间跨度上变得更为复杂。

法国并未忽视全球的重新武装趋势，以及某些行为体利用粮食作为一种强制手段和统治工具的企图。实际上，2022 年 9 月法国总统埃马纽埃尔·马克龙在联合国大会上的正式讲话中，多次提及这个议题。随后在巴黎一个专门讨论此问题的论坛上，他进一步阐述了自己的观点：

"温和贸易"的时代已经逐渐远去。粮食地缘政治确实在发挥作用，它已经成为俄罗斯发动混合战争战略中的一环。因此，我们必须清楚地意识到，现今的粮食外交虽然带有攻击性，但于我们而言，它亦能展现出积极的一面……在此背景下，我们需要比以往更加关注农业生产、气候变化适应性及转型等议题，从而推进创新和可持续的农业体系发展。当然我们要尽力确保关于粮食和肥料的地缘政治策略能够惠及易受影响的国家和中等收入国家。同时，我们也要共同努力，增强这些国家的自主性和韧性……农业和粮食领域是未来的关键行业。因此，我们有责任共同强化这一点，并证明这个领域已经成为我们的自立之基——无论是法国的独立性还是欧洲的独立性、我们的团结政策，乃至我们在当下环境下维持地缘政治平衡的核心领域。

总体来看，随着国际形势的演变，无论是从地缘战略还是地缘经济角度，法国都被推向了重新审视自身立场的关口。法国是否对全球粮食安全问题轻视了，或在追求自身利益时忽略了农业的重要性？答案是否定的。法国在支持多边组织的努力上并未减弱，反而加大了力度。例如，支持世界粮食计划署（WFP）和国际农业发展基金（IFAD）。法国还推动了一系列倡议，例如，法国在担任 G20 主席国期间，于 2011 年创立的农业市场信息系统（AMIS），以及 2022 年在担任欧盟轮值主席国期间，启动的食品与农业韧性使命（FARM）。针对地中海地区：2014 年法国启动了 MED-Amin 平台，这是一个针对该区域的农业市场信息系统机制，自启动以来一直持续维护。在欧洲范围内，法国政府近年来不遗余力地捍卫共同农业政策（CAP）及其资金，尽管这一立场面临某些成员国和社会团体削减预算的强烈呼声。在国家内部，农业仍然是关乎于国家发展讨论的核心议题。

那么我们为什么会有一种感觉，认为法国的农业实力正在逐渐衰落呢？2018年法国农业行业的一个领军人物就提出了这样的问题："法国是否还愿意维持一个可以解决粮食与能源主权问题的生产型农业？"这个问题在一定程度上概括了当前的形势和未采取关键战略转变的风险。实际上，当全球其他地区都在增加对农业的投资并关注粮食安全时，法国的讨论似乎更多集中在满足国内的社会预期、提高"法国制造"粮食的品质以及推进生态转型等议题上。虽然都是重要的议题，但它们并不能成为唯一关注的焦点。将农业仅局限于这些领域，将大大增加我们在全面应对挑战时失去视野的风险。如果将农业发展和粮食消费这两者的动态对立起来，可能会导致我们无法前进，也难以激发持续改进的动力。把农业问题局限于专家层面的讨论，也容易使得这些重要话题未能得到广泛的关注，从而无法解决大众关切的问题。因此，我们需要全面重新审视整个叙事：政策制定者、行业参与者以及公民的声音都应该给予重视。时间不等人，连农业贸易的盈余也在逐步减少。

当前欧洲遭遇的卫生、经济以及地缘政治的冲击，预示着欧洲"悠闲三十年"的结束。欧洲不得不重新开始本土生产，同时重新认识到物理安全的不确定性、周期性物资的短缺以及战略上的不适感。欧盟正负责任并清醒地推动其系统的脱碳转型，气候变革的代价不可避免，如果欧洲公民希望其主导价值观与目前还在探索阶段的实践相匹配，以上这些现实问题必须全部接受。从这个视角来看，无论是在欧洲，还是法国的单打独斗似乎都过于冒险，因此需要加强各方的协同和联盟。面对如此巨大的挑战，需要集体、务实、有远见和前瞻性的解决方案。我们必须培养一种积极向上的热忱，否则一切努力都将白费。为了避免在盲目和无奈中各自软弱下去，这是一份呼吁团结一致，追求变革和走向成功的邀请。

全球范围内，地理的重要性正重新显现，它不仅带来不平等和冲突，也促成了利益的交汇和联系。主权的概念在欧洲乃至全球重新浮出水面，关键在于将主权塑造为一种开放和动态的保护观念，而不是封闭和静止的同义词。地缘政治在各个领域都在觉醒，无论是陆地、海洋、太空还是网络。气候变化加剧，威胁着每个人的安全和日常生活。在这种既分裂又依赖的辩证关系中，农业和粮食供应成了核心议题。获取食物是人类的基本需求，因此生产显得尤为关键。尽管我们不需要质疑为什么要生产，但我们确实需要思考一个特别的问题：**为谁而生产？**因为每种农作物都满足着特定的需求和市场。对于小麦这种每天触及全球数十亿人生活的农产品来说，其影响范围无疑是广泛的。以法国和其当前农业领域的深思熟虑为例，小麦不仅对国家安全极为重要，而且在维护全球粮食平衡中扮演着关键角色，它甚至可以成为选择共享主权的象征。

目前法国的对外粮食贡献主要集中于两个区域：欧盟和地中海地区（指北非地区）。在欧洲，随着战略焦点转向确保大陆关键生产力及其自给自足，农业和小麦成为不可或缺的一环。欧洲的挑战在于，如何将绿色契约的目标与地缘政治欧洲的目标融为一体，后者旨在保护和确保每个人生活所需的生产力。地中海地区的情形则截然不同。将法国小麦视为地中海对岸市场的固有后盾是不现实的。其他谷物出口大国也在这些市场跃跃欲试，而且一些国家正努力加深其影响力。近几年，乌克兰在埃及和突尼斯占据了一席之地。俄罗斯则在埃及站稳脚跟，并在努力争取阿尔及利亚市场，同时对法国小麦的质量和法国在非欧洲市场的稳定性进行虚假宣传。随着北非国家面临的困难加剧，这类策略变得格外明显。它们不仅看重小麦的数量和来源，更是在小麦质量与价格的比较，以及货币波动或外交指令不稳定的大背景下做出选择。因此，无论在国际舞台还是地中海区域，小麦交易都变得极其复杂，其中涉及诸多经济和政治因素，远超谷物行业的常规范畴。从新冠疫情到乌克兰危机引发的震荡，各国似乎更频繁地介入市场，有时甚至尝试对谷物业务重新掌控，这反映出对于关乎国家安全和稳定的领域，已经不能简单地与非农业和粮食领域的战略变量相隔离。

小麦贸易历来充满地缘政治意味，未来可能继续如此，并将成为与国际关系演变相关的新的变量。因此法国需要结合这些变量，深思熟虑地规划法国谷物产业未来的方向和目标。如果小麦是法国经济外交和对外合作的支柱，小麦的培育和推广应体现这一战略地位。小麦既是我们要积极提升的标志性象征，也展现了我们的雄心壮志。正如 InVivo 集团在 2022 年收购 Soufflet 集团那样，旨在将其打造成为法国（甚至未来的欧洲）谷物贸易的领军企业。

面对一些国家试图将农业和粮食供应链武器化的做法，法国乃至整个欧盟，都应通过积极的外交政策和团结的地缘政策来实现差异化。我们不能通过威胁他国购买小麦，或利用他国对谷物的依赖来影响它们在联合国的投票行为，也不应忽视当代及未来世界面临的挑战，尤其是食品安全问题，这仍需要集体努力和长期解决方案。因此除了商业和经济外交，科学外交也应当提倡。通过共享农业或小麦相关的知识、智慧和经验，我们赋能于集体智慧以无限可能。法国在国际上贡献诸多，同时也应开放心态，从全球各地吸收创新并理解其期望。小麦对于和平而言是一个机遇。法国必须有意识地培育这一意识，因为真正的力量，超越了成就与潜能，它包含能够传达的信念、付诸行动的理想和所做出负责任的回应。

译者注

1 软质小麦和硬质小麦是小麦的两种主要类型，它们在种植特性、用途以及加工质地上有明显的差异。这些差异主要源于它们的蛋白质内容、麦胶质（一种蛋白质，对面粉的烘焙质量至关重要）质量和硬度。

2 2011—2021 年，鲁昂平均每年装载并出口 710 万吨谷物。其次是拉罗谢尔 – 帕利斯的 500 吨，敦刻尔克的 250 万吨，马赛 – 福斯的 120 百万吨和波尔多的 70 万吨。在欧洲层面上，除了位于黑海边的罗马尼亚康斯坦察，还有北部的几个谷物港口值得一提，包括波兰的格丁尼亚、立陶宛的克莱佩达，以及拉脱维亚的里加和列巴亚。

3 植物化学利用植物作为原料，用植物碳替代石油碳。因此，它被认为将在减少对化石能源资源的依赖中扮演越来越重要的角色。

参考文献

chapitre 1

1. L. Gernet (1909), «L'approvisionnement d'Athènes en blé au
   ve et ive siècle», *Mélanges d'histoire ancienne* 25, p. 271-388.

2. T. S. Noonan, «The Grain Trade of the Northern Black Sea in
   Antiquity», in *The American Journal of Philology*, 94(3), p.
   231-242, 1973.

3. A. Moreno, Feeding the Democracy. *The Athenian grain supply
   in the fifth and fourth centuries BC.*, Oxford, 2007.

4. E. Churchill Semple, «Geographic Factors in the Ancient
   Mediterranean Grain Trade», *Annals of the Association of
   American Geographers*, n° 11, p. 47-74, 1921.

5. P. Garnsey, Famine and Food Supply in the Graeco-Roman
   World : Responses to Risk and Crisis, Cambridge University
   Press, 1988.

6. C. Cheung, «Managing food storage in the Roman Empire»,
   in *Quaternary International*, Volume 597, p. 63-75, Elsevier,
   September 2021.

7. K. Friesen, «Feeding an Empire : Why Egyptian grains played

a key role in the food provisioning of the Roman Empire»,
Wageningen University and Research, August 2021.

8. A. Derville, «Dîmes, rendements du blé et révolution agricole
dans le nord de la France au Moyen Âge», in *Annales E.S.C.*,
vol. 42-6, p. 1411-1432, novembre-décembre 1987.

9. F. Galiani, *Dialogues sur le commerce des bleds*, Londres,
1770 (Farmington Hills, Gale Ecco, 2010, p. 30 pour la version
ici utilisée).

10. C. Bouton, *The Flour War : Gender, Class and Community in
Late Ancien Régime French Society*, Penn State University
Press, 1993.

11. H. De Benoist, *Le blé, une ambition pour la France*, Tallandier,
2019.

12. M. E. Falkus, «Russia and the International Wheat Trade,
1861-1914», in *Economica*, 33 (132), p. 416-429, 1966.

13. S. Mercier, «The Evolution of World Grain Trade», in *Review
of Agricultural Economics,* vol. 21, n° 1, Oxford University
Press, p. 225-236, Summer 1999.

14. L. Collingham, *The Taste of War. World War II and the Battle
for Food*, New York, Penguin Press, 2012.

15. H. Humphrey, «Food and Fiber as Force for Freedom. Report
to the Committee on Agriculture and Forestry United States
Senate», Washington, 21 April 1958. L'auteur de ce rapport
deviendra par la suite le 38e vice-président des États-Unis,

de janvier 1965 à janvier 1969, auprès du président Lyndon B. Johnson.

16. W. J. Burns, *Economic Aid and American Foreign Policy Toward Egypt*, 1955-1981, Suny Press, 1985.
17. J. Collins, «La CIA et l'arme alimentaire», *Le Monde diplomatique*, Paris, septembre 1975.
18. N. Cullather, *The Hungry World. America's Cold War Battle Against Poverty in Asia*, Cambridge, Harvard University Press, 2010.
19. A. Revel et C. Riboud, *Les États-Unis et la stratégie alimentaire mondiale*, Paris, Calmann-Lévy, 1981.
20. R. Patel, *A History of the World in Seven Cheap Things: A Guide to Capitalism, Nature, and the Future of the Planet,* University of California Press, 2017.

chapitre 2

1. A. Bonjean et B. Vermander, *L'Homme et le grain : une histoire céréalière des civilisations*, Les Belles-Lettres, 2021.
2. C. Dequidt, S. Dequidt, *Le tour du monde des moissons*, Éditions La France Agricole, 2016.
3. L. R. Brown, Full Planet, Empty Plates. *The New Geopolitics of Food Scarcity*, W. W. Norton & Company, 2012.
4. Chiffres calculés à partir de la base de données du Conseil international des céréales (CIC).

5. M.-P. Reynolds, H.-J. Braun, "Wheat Improvement", p. 3-16, in M. P Reynolds, H.-J. Braun (eds), Wheat Improvement. *Food Security in a Changing Climate,* Springer, 2022.

6. A. Evans (dir.), *The Feeding of the Nine Billion. Global Food Security for the 21st Century,* Chatham House Report, Londres, Royal Institute of International Affairs, 2009.

7. D. Bricker, J. Ibbitson, *Planète vide. Le choc de la décroissance démographique mondiale*, Les Arènes, 2020.

8. N.M. Mason, T.S. Jayne, B. Shiferaw, "Africa's rising demand for wheat : trends, drivers, and policy implications", in *Development Policy Review*, vol. 33, n° 5, p. 581-613, ref. 34, 2015.

9. M.-A. Pérouse de Montclos, «Nigeria : la fin de l'eldorado», in *Futuribles*, n° 441, p. 5-19, 2021.

10. F. Willequet, «La sécurité alimentaire au défi de l'équation urbaine et logistique», in S. Abis (sous la direction), *Le Déméter 2019*, Club DEMETER, IRIS éditions, p. 91-108, 2019.

11. S. Reboud, C. Tanguy, « L'innovation ordinaire d'un produit du quotidien : l'exemple du pain », in *Technologie et innovation*, n° 8217, Vol. 7, ISTE OpenScience, janvier 2022.

12. Les données de l'Organisation internationale des pâtes (IPO) indiquent qu'en 2021, dans le monde, 17 Mt de blé ont été produites, deux fois plus qu'au début des années 2000. Cette production est principalement située en Italie avec 4 Mt, pays qui en exporte chaque année pour une valeur d'environ 3

milliards d'euros.

13. Le mot «compagnon» signifie littéralement « celui avec qui l'on partage le pain», du latin «cum» (avec) et «panem» (pain).

14. M. Y. Essid, «Histoire des alimentations méditerranéennes», *in* CIHEAM (eds.), *Mediterra 2012. La diète méditerranéenne pour le développement régional* durable, Presses de Sciences Po, 2012.

15. Comparativement, les autres céréales phares présentent des répartitions d'usage distinct, notamment le maïs, dont seule 10% de la production mondiale part directement en alimentation humaine, 30 % servent des besoins industriels ou énergétiques et 60 % nourrissent les animaux. De la même manière, 70% de la production d'orge contribue à l'alimentation du bétail. En revanche, l'intégralité de la récolte de riz est consommée par les êtres humains, quand bien même il peut arriver que des quantités soient occasionnellement données aux animaux. Selon les chiffres du CIC, en 2021, la production mondiale tous grains confondus a été de 2 250 Mt. Un tiers est dédié à la consommation humaine et le blé contribue à 75 % à cette alimentaire directe pour les populations.

16. Le gluten, que l'on trouve dans le blé, peut occasionner des troubles de la digestion chez certains individus. La part de la population qui souffre de ce type d'intolérance alimentaire reste extrêmement marginale: 99 % des Européens seraient

ainsi épargnés.

17. N. Poole, J. Donovan, O. Erenstein, "Viewpoint : Agri-nutrition research : Revisiting the contribution of maize and wheat to human nutrition and health", in *Food Policy*, Vol. 100, Elsevier, avril 2021.

chapitre 3

1. J.-P. Charvet, *Le blé*, Paris, Economica, 1996, p. 97.

2. D. Acloque, « Sécurité alimentaire, le grand retour du rail », in S. Abis et M. Brun (sous la direction), *Le Déméter 2022. Alimentation : les nouvelles frontières*, Club DEMETER, IRIS éditions, p. 249-268, 2022.

3. S. Vogel, «Reshuffling the global grain and oilseed value chain », in S. Abis et M. Brun (sous la direction), *Le Déméter 2020,* Club DEMETER, IRIS éditions, p. 177-194, 2020.

4. R. Bailey, L. Wellesley, *Chokepoints and Vulnerabilities in Global Food Trade*, Chatham House Report, juin 2017.

5. La diffusion de l'information concernant les prix du transport au plus grand nombre passe par quelques grands indices journaliers qui servent de base aux négociations entre armateurs et affréteurs via les courtiers maritimes. Le Baltic Dry Indice (BDI) est l'un des plus observés.

6. S. Abis, F. Luguenot et P. Rayé, «Trade and Logistics : The Case of the Grains Sector», *in* CIHEAM (eds), *Mediterra*

2014. Logistics and Agro-Food Trade. A challenge for the Mediterranean, Presses de Sciences Po, 2014, p. 133-148, 2014.

7. S. Abis, J. Tasse, *Géopolitique de la mer (40 fiches pour comprendre le monde)*, IRIS Éditions, Eyrolles, 2022.

8. D. Morgan, *Les géants du grain*, Paris, Seuil, 1979.

9. J. Clapp, « ABCD and beyond : From grain merchants to agricultural value chain managers » in *La Revue canadienne des études sur l'alimentation*, Vol. 2, n° 02, p. 126-135, septembre 2015.

10. W. G. Broehl, *Cargill : Trading the World's Grain*, Dartmouth College Press, 1992.

11. GRAIN, «The soils of war : the real agenda behind agricultural reconstruction in Afghanistan and Iraq», GRAIN Briefing, mars 2009.

12. J. Blas, J. Farchy, *The World For Sale : Money, Power, and the Traders Who Barter the Earth's Resources*, Oxford University Press, 2021.

13. J. Lavandier, «Rivalités alimentaires et compétition logistique dans le Golfe Persique», in S. Abis, M. Brun (sous la dir.), *Le Déméter 2020*, Club DEMETER, IRIS éditions, p. 291-309, 2020.

14. J. Kingsman, The new merchants of grain. *Out of the shadow*, Independently published, 2019.

15. C. Ansart, A. Couderc, «Négoce international des grains : Où en

sont les ABCD ?», Études Économiques d'Unigrains, juin 2019.

16. S. Abis, « BlackRock : un géant agricole ? », in *L'Opinion*, 18 décembre 2020.

17. R. Vitón, «Investment Funds in the Food and Agriculture Sector : A Fertile Ground for Investors», in S. Abis et M. Brun (sous la direction), *Le Déméter 2022. Alimentation : les nouvelles frontières,* Club DEMETER, IRIS éditions, p. 301-318, 2022.

chapitre 4

1. S. A. Mercier, S. A. Halbrook, *Agricultural Policy of the United States. Historic Foundations and 21st Century Issues*, Springer International Publishing, 2020 ; J. L. Novak, L. D. Sanders, A. D. Hagerman, *Agricultural Policy in the United States. Evolution and Economics*, Taylor & Francis, 2022.

2. S. Reynolds Nelson, Oceans of grain: how American Wheat Remade the World, Basic Books, 2022.

3. Le «blé de force d'hiver», à haut taux de protéine, très apprécié par la boulangerie, est une variété importée par des colons originaires d'Europe de l'Est, comme dans le cas du soft red winter.

4. D. Morgan, *Les géants du grain,* Paris, Seuil, 1979, p. 9-14.

5. S. Abis, T. Pouch, B. Valluis, «La puissance agricole américaine au XXIe serat-elle californienne?», in *Diploweb,*

juin 2018.

6. A. Magnan, *When Wheat Was King. The Rise and Fall of the Canada-UK Grain Trade,* UBC Press, 2016.

7. COCERAL, EU Farm To Fork Strategy COCERAL Impact Assessment, juin 2021.

8. J. Bremmer, A. Gonzalez-Martinez, R. Jongeneel, H. Huiting, R. Stokkers, M. Ruijs, *Impact assessment of EC 2030 Green Deal Targets for sustainable crop production.*, Report Wageningen Economic Research, no 2021-150, décembre 2021.

9. M. Schiavo, C. Le Mouël, X. Poux, P.-M Aubert, An *agroecological Europe by 2050 : What impact on land use, trade and global food security* ?, IDDRI, Study n° 08, juillet 2021.

10. T. Pouch, «L'Europe par temps de crises, à la recherche d'une boussole stratégique», in S. Abis et M. Brun (sous la direction), *Le Déméter 2022. Alimentation : les nouvelles frontières,* Club DEMETER, IRIS Éditions, février 2022, p. 235-247 ; B. Valiorgue, «Quelle raison d'être pour la PAC à l'heure de l'Anthropocène?», in Pour, n° 243, printemps 2022, p. 73-79.

11. H. J. Mackinder, «The Geographical Pivot of History», *The Geographical Journal*, vol. 23, n° 4, avril 1904, p. 421-437.

12. J.-J. Hervé, *L'agriculture russe. Du Kolkhoze à l'hypermarché,* L'Harmattan, 2007.

13. C. Dufy, S. Barsukova, «Sécurité alimentaire et marché. Représentations des acteurs du monde agricole dans la Russie des années 1990-2010», in *Revue d'études comparatives Est-Ouest*, n° 48, p. 57-84, janvier 2017.

14. Q. Mathieu, T. Pouch, «Russie : un retour réussi sur la scène agricole mondiale. Des années 1990 à l'embargo», in *Économie rurale,* n° 365, p. 103-118, juillet 2018.

15. M. Baumont, *Le blé*, Presses Universitaires de France, 1943.

16. T. Snyder, *Black Earth : The Holocaust as History and Warning,* Crown Edition, 2016.

chapitre 5

1. R. Laufer, «Les Nouvelles routes de la soie et l'Amérique latine : un autre Nord pour le Sud?», in B. Duterme (sous la dir.), *Chine : l'autre superpuis- sance*, Éditions Syllepse, 2021, p. 83-103.

2. C. Sheridan, «Argentina first to market with drought-resistant GM wheat»,*Nature Biotechnology,* n° 39, vol. 652, juin 2021.

3. A. Hernández-Vásquez, F. J. Visconti-Lopez, H. Chacón-Torrico, D. Azañedo,«Covid-19 and Food Insecurity in Latin America and the Caribbean», Journal of Hunger & Environmental Nutrition, juin 2022.

4. L. R. Brown, *Who Will Feed China?–Wake–Up Call for a Small Planet,*W. W. Norton & Company, 1995.

5. W. Angus, A. Bonjean, M. Van Ginkel, *The World Wheat Book.*

A History of Wheat Breeding, vol. 2, Lavoisier, 2011.

6. S. Boisseau du Rocher et E. Dubois de Prisque, *La Chine e(s)t le monde: essai sur la sino-mondialisation*, Odile Jacob, 2019.

7. W. Jing'ai, Shunlin L. Shunlin, S. Peijun, *The Geography of Contemporary China*, Springer international Publishing, 2022.

8. J.-M. Chaumet et T. Pouch, *La Chine au risque de la dépendance alimen- taire*, Presses Universitaires de Rennes, 2017.

9. N. Bastianelli, *Quand la Chine s'éveille verte*, Les Éditions de l'Aube, 2021.

10. W. Xie, J. Huanga, J. Wanga, Q. Cui, R. Robertson, K. Chenb, «Climate change impacts on China's agriculture: The responses from market and trade», in *China Economic Review*, vol. 62, août 2020.

11. J. H. Perkins, *Geopolitics and the Green Revolution. Wheat, Genes, and the Cold War*, New York, Oxford University Press, 1997.

12. La population indienne devrait dépasser celle de la Chine au cours de la décennie 2020 et connaître un pic autour de 1, 6–1,7 milliard d'habitants vers 2060.

13. M. Chakrabarty, «Climate change and food security in India. Domestic and global solutions», in A. S. Upadhyaya, Å. Kolås, R. Beri (eds), *Food Governance in India. Rights, Security and Challenges in the Global Sphere*, Routledge India, chap. 10, 2022.

14. J. Racine, «Géopolitique de l'agriculture indienne», *Hérodote,* n° 156,p. 29-49, 2015 ; F. Landy, «Inde, une agriculture en crise», *Paysans & société*, n° 386, p. 29-36, 2021.

15. A. Mamun, J. Glauber, D. Laborde, «How the war in Ukraine threatens Bangladesh's food security», The IFPRI Blog, 20 avril 2022.

16. A. W. Rana, «Rationalization of wheat markets in Pakistan: Policy options», IFPRI, 2020.

17. D. Richards, *Australia ; Production and Marketing of Grain for Export : A Competition Report*, Fb&c Limited, 2017.

18. Pour cette région sont compris les pays suivants: Algérie, Arabie saoudite, Bahreïn, Égypte, Émirats arabes unis, Irak, Iran, Israël, Jordanie, Koweït, Liban, Libye, Maroc, Mauritanie, Oman, Qatar, Syrie, Territoires palestiniens, Tunisie, Turquie, Yémen.

19. S. Abis, *Pour le futur de la Méditerranée : l'agriculture*, Paris, L'Harmattan/ iReMMO, 2012.

20. ONU, World Population Prospect. The 2022 Revision, 2022.

21. En 2022, avec une sécheresse sévère, la plus forte en 30 ans, la production de blé est tombée à 2,7 Mt, soit une chute de 70 % environ par rapport à la récolte 2021. Le Maroc sera donc contraint d'acheter plus de blé sur les marchés internationaux, régulant par l'international ce déficit de production domestique.

22. S. Abis, M. Sadiki, *Agriculture et climat : du blé par tous les*

temps, Max Milo, IRIS Éditions, 2016.

23. Y. Sayigh, *Owners of the Republic : An Anatomy of Egypt's Military Economy,* Carnegie Endowment for International Peace, 2019.

24. J. Hansen-Lewis, J. N. Shapiro, «Understanding the Daesh Economy», in *Perspectives on Terrorism*, vol. 9, no 4, Special Issue on the Islamic State, p. 142-155, août 2015.

25. A.M. Linke, B. Ruether, «Weather, wheat, and war : Security implications of climate variability for conflict in Syria», *Journal of Peace Research*, vol. 58, n° 01, p. 114-131, janvier 2021.

26. Y.A. Yigezu, M.A. Moustafa, M.M. Mohiy, S.E. Ibrahim, W.M. Ghanem, A.-A. Niane, E. Abbas, S.R.S. Sabry, H. Halila, «Food Losses and Wastage along the Wheat Value Chain in Egypt and Their Implications on Food and Energy Security», in *Sustainability,* Natural Resources and the Environment, vol. 13, n° 18, août 2021.

27. R. Ramadan, «Where does the Egyptian Food Subsidy go?», *Watch Letter,* n° 30, CIHEAM, septembre 2014, p. 48.

28. R. Zurayk, *Food, Farming and Freedom, Sowing the Arab Spring,* Just World Books, 2011.

29. A. Ciezadlo, «Let Them Eat Bread ; How Food Subsidies Prevent (and Provoke) Revolutions in the Middle East», in *Foreign Affairs,* mars 2011.

30. C. Breisinger, Y. Kassim, S. Kurdi, J. Randriamamonjy, J.

Thurlow, « Food sub- sidies and cash transfers in Egypt :
Evaluating general equilibrium benefits and trade-offs »,
MENA RP Working Paper n° 34, International Food Policy
Research Institute (IFPRI), 2021.

31. Ces subventions alimentaires ne sont pas toujours d'une
grande effica- cité, profitant plus souvent aux villes qu'aux
mondes ruraux et n'étant pas exempts de scandales notoires
(pratiques corruptives, utilisations de pains subventionnés
pour nourrir le bétail, etc.).

32. S. Abis, A. Bertin, « La guerra en Ucrania agrava la
inseguridad alimenta- ria en el Mediterráneo Sur », in *Afkar
Ideas,* n° 66, IEMED, Politica Exterior, p. 24-27, juillet 2022.

chapitre 6

1. *Intergovernmental Panel on Climate Change* (IPPC), limate
Change 2021,The Physical Science Basis:Summary for
Policymakers,août 2021.

2. J.Jägermeyr,C.Müller,A.CRuane,«Climate impacts on global
agriculture emerge earlier in new generation of climate and
crop models»,*Nature Food n° 02,* p. 873-885, novembre 2021.

3. J.-J. Hervé, H. Le Stum, «Sibérie, futur grenier à grains du
monde?», in S. Abis, M. Brun (sous la direction), *Le Déméter
2021. Produire et se nourrir dans un monde déboussolé,* Club
DEMETER, IRIS Éditions, p. 41-60, 2021.

4. C. Duenwald, Y. Abdih, K. Gerling, V. Stepanyan, *Feeling the Heat: Adapting to Climate Change in the Middle East and Central Asia*, International Monetary Fund (IMF), Departmental Paper n° 2022/008, mars 2022.

5. CIHEAM (Eds), *MediTERRA 2018 : Migrations et développement rural inclu- sif en Méditerranée*, Presses de Sciences Po, 2018.

6. P. Blanc, *Terres, pouvoirs et conflits : une agro-histoire du monde,* Presses de Sciences Po, 2018 ; O. Lazard, «Le pouvoir du sol: comment notre climat précaire a façonné le Printemps arabe», in *Middle East Eye,* janvier 2021 ;P. H. Gleick, «Water, Drought, Climate Change and Conflict in Syria», in*Weather, Climate and Society,* vol. 6, n° 03, p. 331-340, juillet 2014.

7. E. D. G. Fraser, A. Rimas, *Empires of Food. Feast, Famine and the Rise and Fall of the Civilizations*, Arrow Books, 2010.

8. G. Benoit, «L'agriculture, la terre, l'eau et le climat. Solutions pour un monde en transition» in Futuribles, n° 438, p. 5-28, septembre-octobre 2020.

9. X. Bai, Y. Huang, W. Ren, M. Coyne, P.A. Jacinthe, B. Tao, D. Hui, J. Yang,C. Matocha, «Responses of soil carbon sequestration to climate-smart agriculture practices: a meta-analysis», in *Global Change Biology,* Vol. 25, n° 08, p. 2591-2606, avril 2019 ; D.A. Bossio, S.C. CookPatton, P.W. Ellis,J.

Fargione, J. Sanderman, P. Smith, S. Wood, R.J. Zomer, M. von Unger, I.M. Emmer, B.W. Griscom, «The role of soil carbon in natural climate solutions», in *Nature Sustainability,* vol. 3, n° 05, p. 391-398, mars 2020.

10. N. Lakhani, «The race against time to breed a wheat to survive the climate crisis», in *The Guardian,* juin 2022.

11. Ensemble des facteurs physico-chimiques d'un écosystème influençant sur la biocénose, l'action du non-vivant sur le vivant (température, lumière, eau).

12. Ensembles des interactions du vivant sur le vivant au sein d'un écosystème.

13. Le terme cultivar est synonyme de « variété cultivée » ou «variété horti- cole», et plus communément « variété ».

14. Cela va permettre aussi d'identifier des gènes précis dans le patrimoine de certaines variétés de blé et de les introduire dans d'autres variétés. C'est la «biofortification», qui consiste à enrichir le contenu nutritionnel des cultures au moyen de l'amélioration génétique.

15. Cette «Arche de Noé végétale», véritable bunker enfoui à 120 mètres de profondeur, abrite plus d'un million de semences du monde entier. Son rôle est éminemment stratégique. Ainsi, en 2015, quand la banque de gènes de l'ICARDA, basée à Alep en Syrie, est détruite en raison des combats et bombardements faisant rage dans ce pays en proie à la guerre

civile, la communauté scientifique a pu récupérer au Svalbard les jumeaux de grains alors disparues.

16. A. P. Bonjean, P. Monneveux, M. Zaharieva. «Les blés des oasis sahariennes : des ressources génétiques de première importance pour affronter le chan- gement climatique», in S. Abis (sous la direction), Le Déméter 2019, Club DEMETER, IRIS éditions, p. 311-320, 2019.

17. FAO, CIHEAM (eds), Mediterra 2016: Zero Waste in the Mediterranean. Natural Resources, Food and Knowledge, Les Presses de Sciences Po, 2016.

18. Se reporter au chapitre 5 relatif à l'Amérique latine et l'Argentine.

19. S. Yeone Jeon, «Managing risk in the regulatory state of the South : the case of GM wheat in Argentina», in *Review of International Political Economy,* juillet 2022.

20. Introduction d'un ou de plusieurs gènes dans un organisme vivant.

21. S. Li, C. Zhang, J. Li, L. Yan, N. Wang, L. Xia, «Present and future prospects for wheat improvement through genome editing and advanced technolo- gies», *Plant Commun,* vol. 2, juin 2021.

22. A. P. Bonjean, «L'édition de gènes, un outil indispensable à l'agriculture du xxie siècle?», in S. Abis (sous la direction), *Le Déméter 2019,* Club DEMETER, IRIS éditions, p. 199-

214, 2019.

23. Commission staff working document, *Study on the status of new genomic techniques under Union law and in light of the Court of Justice ruling in Case C-528/16*, 29 avril 2021.

24. T. Mukherjee, «Agroterrorism : A Less Discussed Yet Potential Threat to Agronomy», *Science and culture,* vol. 87, p. 120-126, avril 2021.

chapitre 7

1. S. Abis, D. Billion, «Du village planétaire à la place du village?», *Revue internationale et stratégique,* n° 118, p. 58-63, été 2020.

2. P. Blanc et T. Pouch, «Un monde plus instable, radicalement incertain et sans gouvernance réelle : l'agriculture comme démonstration», in S. Abis (sous la direction), *Le Déméter 2019,* Club DEMETER, IRIS Éditions, 2019.

3. J. de Castro, *Géopolitique de la faim*, Paris, Éditions Ouvrières, 1952, p. 14.

4. P. Collomb, *Une voie étroite pour la sécurité alimentaire d'ici à 2050,* FAO, Economica, 1999.

5. F. Courleux, J. Carles. «Le multilatéralisme agricole depuis l'OMC: entre échec et renouveau», in S. Abis et M. Brun (sous la direction), *Le Déméter 2020,* Club DEMETER, IRIS éditions, p. 63-79, 2020.

6. Cité dans J. De Castro, *Géopolitique de la faim,* Paris, Éditions

Ouvrières, 1952, p. 12.

7. Soit10% de la population mondiale contre 30 % dans les années 1960.

8. FAO, IFAD, UNICEF, WFP and WHO, *The State of Food Security and Nutrition in the World 2022. Repurposing food and agricultural policies to make healthy diets more affordable,* FAO, 2022.

9. D. Natalini, A.W. Jones, G. Bravo, «Quantitative Assessment of Political Fragility Indices and Food Prices as Indicators of Food Riots in Countries», in *Sustainability, vol. 7, n° 04, p.* 4360-4385, avril 2015.

10. IPES-Food, *Systèmes alimentaires mondiaux. À nouveau en eaux troubles,* Rapport spécial, mai 2022.

11. B. Valiorgue, *Refonder l'agriculture à l'heure de l'anthropocène,* Le Bord de l'eau, 2020.

12. M. Delmas-Marty, Aux quatre vents du monde. Petit guide de navigation sur l'océan de la mondialisation, Seuil, 2016.

13. Y. Jégourel, «Le multilatéralisme aujourd'hui affaibli demeure une condition sine qua non de la diplomatie des matières premières», *Le Monde,* 16 juillet 2022.

14. En janvier 2015, le pape François s'est exprimé ainsi devant des représen- tants d'agriculteurs italiens: «Avec le pain, on ne plaisante pas ! Le pain participe d'une certaine façon à la sacralité de la vie humaine, et donc il ne peut être traité

simplement comme une marchandise».

chapitre 8

1. A. Laïdi, *Histoire mondiale du protectionnisme*, Passés composés, 2022.

2. M. Baumont, *Le blé*, Paris, Presses universitaires de France, 1943, p. 13.

3. Anonyme, «Le problème du pain cher», *Futuribles*, n° 271, juillet 2002. Cet article reprend un texte publié dans la revue *Lectures pour tous* en 1912.

4. J. Abécassis, J. Massé et A. Allaoua (sous la coordination), *Blé dur. Synthèse des connaissances pour une filière durable*, Quæ, Arvalis, 2021.

5. H. Lejeune (sous la direction), *Et si l'agriculture était la solution ? L'agriculture française en 2035... les scénarios à l'horizon 2050*, Éditions La France Agricole, 2021.

6. En moyenne décennale de trafic, de 2011 à 2021, Rouen aura réalisé par an 7,1 Mt de céréales chargées et exportées. Il est suivi par La Rochelle-Pallice avec 5 Mt, Dunkerque avec 2,5 Mt, Marseille-Fos avec 1,2 Mt et Bordeaux avec 0,7 Mt. Au niveau européen, outre Constantza en Roumanie sur le bord de la mer Noire, il faut citer les ports céréaliers du Nord que sont Gdynia en Pologne, Klaïpeda en Lituanie, Riga et Liepaja en Lettonie.

7. J.-M. Bournigal et N. Ferenczi, «Les enjeux systémiques de la

logistique dans la filière céréalière française», in *Annales des Mines - Réalités indus- trielles,* mai 2020.

8. T. Pouch et M. Raffray, *La pandémie et l'agriculture, un virus accélérateur de mutations ?,* Éditions La France Agricole, 2022.

9. E. Fougier, *Malaise à la ferme. Enquête sur l'agribashing,* Éditions Marie B., 2020.

10. S. Abis (sous la dir), *Le Déméter 2023. La durabilité à l'épreuve des faits,* IRIS Éditions, Club DEMETER, Février 2023.

11. J. Denormandie, «Nos agriculteurs sont des soldats du climat», *in Les Echos,* 10 novembre 2021.

12. B. Hervieu, F. Purseigle, *Une agriculture sans agriculteurs,* Les Presses de Sciences Po, 2022, p. 213.

13. Ensemble des facteurs stressants contribuant à faire souffrir la plante. Ils sont qualifiés respectivement de biotiques ou abiotiques, selon qu'ils sont dus à des organismes vivants (insectes, virus, bactéries, etc.) ou à d'autres facteurs (sécheresse, manque de luminosité, etc.).

14. S. Brunel, *Pourquoi les paysans vont sauver le monde,* Buchet-Chastel, 2020.

15. J. Wainstein, *L'équation alimentaire. Nourrir le monde sans pétrole en répa-rant la nature et le climat,* Éditions La France Agricole, 2022.

16. La chimie du végétal utilise les végétaux comme matière première, subs-tituant le carbone végétal au carbone du

pétrole. Elle est donc appelée à jouer un rôle croissant pour atténuer la dépendance aux ressources énergé- tiques fossiles.

17. H. Le Stum (sous la coordination), *Le blé,* Éditions La France Agricole, 2017, p. 195 à 208.

18. J.-M. Lecerf, La joie de manger. *Nourrir,* réjouir et réunir, Les éditions du Cerf, 2022.

19. H. De Benoist, *Le blé, une ambition pour la France,* Tallandier, 2019, p. 35.

20. Jean-François Isambert, agriculteur, vice-président d'Unigrains et président du Club DEMETER, est l'auteur de cette formule.

21. S. Abis et T. Pouch, *Agriculture et mondialisation. Un atout géopolitique pour la France,* Paris, Presses de Sciences Po, 2013.

22. M. Guillou et G. Matheron, *Neuf milliards d'hommes à nourrir,* François Bourin Éditeur, 2011, p. 359.

23. S. Abis et D. Mordacq, «La fragilité alimentaire mondiale et la guerre d'Ukraine», in *Politique étrangère,* n° 03 / 2022, p. 25-37.

24. E. Macron, Discours d'ouverture du Forum «*Une nouvelle géopolitique de la sécurité alimentaire mondiale. Quelle place pour la France et l'Europe ?*», coorganisé par le Ministère de l'Europe et des Affaires Étrangères et le Club DEMETER à Paris le 21 octobre 2022.

25. A. Rousseau, Discours de clôture des Rencontres OléoPro à Paris, le 29 novembre 2018.

26. H. Gaymard, *En campagne pour l'agriculture de demain. Propositions pour une souveraineté alimentaire durable,* Rapport de l'Institut Montaigne, octobre 2021.

27. L. Duplomb, P. Louault et S. Mérillou, *La compétitivité de la ferme France,* Rapport d'information fait au nom de la commission des affaires écono- miques du Sénat, septembre 2022.

28. R. Naam, *The infinite resource : the power of ideas on a finite planet,* University Press of New England, 2013.

结　　论

　　农业作为一项源远流长的活动，在 21 世纪仍被视为关键的战略性领域，持续受到决策者和投资者的关注。不断创新的农业领域展现出充满希望的未来，其历史使命——在这个日益拥挤的地球上养活更多人——仍然迫在眉睫。因此，粮食安全是确保人类福祉的重要方面。贫困、战争及气候变化引起的饥饿与食物短缺，对全球稳定和社会安宁构成重大挑战。这些问题可能与地区内部自然资源的稀缺以及农业结构无法满足本地需求有关。有时，粮食供应的压力还可能源于不利于供应安全的多重因素的叠加。因此，在讨论粮食安全的关键因素时，绝不能忽视和平、良好治理和信任的至关重要性。

　　谷物，特别是小麦，是关于农业议题地缘政治的典型代表。自古代文明以来，它们就是至关重要的基础物资。在当今的全球粮食安全格局中，仍然扮演着不可替代的角色。小麦作为全球几乎半数人口的主食，其价值不言而喻。对于那些能够生产和出口小麦的国家而言，小麦不仅对国内经济极为重要，也是其国际影响力的一个重要因素。此外，作为农产品交易的重头戏，小麦每日在全球和国内市场上买卖，背后是无数经营者的努力，以期供需平衡。无论运输的距离远近，无论是通过陆地还是海洋，小麦的交易与流通都至关重要。

从这些观察出发，我们面临众多问题。在历经时空，探讨小麦所涉及的广泛议题后，有一个问题显得尤其迫切：对全球安全至关重要的小麦，在一些人眼里已经变得司空见惯，而对另一些人却仍然至关重要？法国正在经历一个特殊的阶段，需要振兴生产部门，保持经济竞争力，并且更新其外交政策方针，因此法国自然成为人们关注的焦点。作为一个农业强国，同时也是全球小麦舞台上的关键角色，法国在担当这一身份的同时，也必须承担起责任，并可能更加依赖这种谷物来重新定义自身的力量。

这种辐射效应潜在地跨越了多个维度。它的表现范围既有国内性的特征，也有国际性特征，同时需要突出对欧洲和地中海区域的重点关注。在讨论法国结构性挑战时，这种多维度的影响同样显著：覆盖全境的就业机会、国内的生产与工业能力、为经济脱碳并探索新模式所需的手段与时间规划、人类及地球健康的保护与创新、民众的基本保障与安全以及与全球的合作与团结。

小麦在法国，乃至整个欧洲的地缘政治议程中占据着举足轻重的地位。尤其在当前国际形势急剧变化、要求欧盟明确划定自身优势，并构建独特叙事的大背景下，小麦的重要性更加凸显。面对来自生产、气候及外交等多个领域的复杂挑战，小麦作为一种重要的资源，为开辟未来积极的路径提供了众多可能性。关键在于，相关各方需要发现这些机会，进行谋划并将其变为现实，同时也不能忽视集体思考和实施的必要性。

致　　谢

　　本书的出版非同寻常。它不是2015年版的再版，也不仅仅是对上一个版本的简单更新。面对近年来发生的变化和挑战，我希望重新思考这本书，审视其结构，并重写内容。随着深入了解农业世界，我遇见了来自各个领域的众多人士，他们促使我以不同的方式思考。通过拓宽视角，结合多种方法，培养辩证思维，我拓展了好奇心和惊奇感。在这个过程中，我也提出了许多问题，却没有得到精准或肯定的答案。在农业和粮食事务中，无论是地方的、国家的还是国际的，复杂性和不确定性占据主导地位。随着时间的推移，结论变得越来越不明显。毕竟如果我们期望着未来，又何必急于下结论呢？农业地缘政治的极端重要性，这个信念长久以来一直激励着我。没有它，就没有粮食安全；没有粮食安全，就没有地球上的稳定。

　　我们都依赖于那些养活我们的人们，他们中许多人都致力于具体的可持续发展。农民掌握着人类生命的未来和地球的可持续性。我们应该支持他们，而不是反对他们，以确保他们能够完成这样的双重任务。我的第二个信念是：必须团结一致以求变革。为了生产粮食，让所有人都可获得粮食，同时保证粮食安全并加强生态系统的可持续性，在如此碎片化的社会政治、物流和气候环境中，我们真的可以选择各自为政吗？面临如此巨大的挑战，需要集体策略、能力联盟，持续的、多元的、不懈的共同努力。总之，需要保持热忱才能成功。

　　本书也是集体智慧的结晶。我要非常诚恳地感谢那些我一生中有幸遇见的人，是他们让我产生将地缘政治与农业相结合的想法。因此，我在这里对那些在这个新编辑项目中发挥了决定性作用的几个人表示深深的感激。首先感谢 Éric Thirouin 和 Philippe Helleisen，他们使我能够顺利完成这个新项目。然后是 Dunod-Armand Colin 团队：Jean Henriet 对此项目的时刻关注，Carl Voyer 提供的地图，以及 Julie Beny 在编辑工作上的巨大贡献。我还要感谢 Jean-Philippe Everling 和 Éric Dereudre，他们愿意阅读并给予手稿评价，不忘感谢 Arthur Portier 提供的关于市场动态的决定性数据。我还记得那些同路人，以及那些我们在 2015 年出版的书籍中进行过辩论、共同进步和发展的人，以及那些在过去几年中经常就地缘政治小麦进行交流的人：Abdelroza Abbassian，Patrice Auguste，Antoine Baule，Xavier Beulin，Thierry Blandinières，Jean-Paul Bordes，Christian Cordonnier，Maxime Costilhes，Pierre-Olivier Drège，François Gatel，Didier Nedelec，Pierre Rayé，Philippe Heusele，Pascal Hurbault，Gilles Kindelberger，Christiane Lambert，Marie- Hélène Le Hénaff，Hervé Le Stum，Raphael Latz，Jean-Sebastien Loyer，Jean-

François Loiseau，François Luguenot，Laurent Martel，Arnaud Petit，Philippe Pinta，Rodolphe Quenardel，Racha Ramadan，Joel Ratel，Didier Reboul，Jean-Christophe Roubin，Olivia Ruch，Christine Ton Nu，Bernard Valluis。

感谢 Club DEMETER 促使我凝聚对农业和食品的思考，提供了全面和战略性的分析。感谢所有企业领导成员激发这些前瞻性的研究，并对我多信任让我自 2017 年以来管理这个广阔的领域，以便能够有远见、长见甚至广见，这个使命让我感到荣幸。我特别感谢 Christoph Büren，François Desprez，Thierry Dupont，Céline Duroc，Pascale Giry，Nicolas Kerfant，Michel Portier，Arnaud Rousseau 和 François Schmitt，他们是农业领域的主要负责人，是 Club DEMETER 发展的灵感来源，他们也不断地激励我对这农业地缘政治的思考。

感谢我的 Club DEMETER 同事们如此充满活力、创造性和互补性。曾经是 Pierre-Marie Decoret，Florence Voisin，Jérémy Denieulle 和 Matthieu Brun，现在是Claire de Marignan，Diane Mordacq，Anaïs Marie，Anissa Bertin 和 Laura Demurtas，你们同样与我一起面向未来，因为你们正走在正确的道路上，你们已经处于这些农业和食品战略问题分析的核心领域。

我也深知，对那些允许我以全新的角度或更全面地看待世界的领域所带有的感激。无论是拥有如此多杰出专家们的学术界，还是拥有如此优秀学生们的教育界，或是如此经验丰富的记者们的媒体界，以及我作为公民参与的公共权力领域。在这些不同领域，我可以提到许多对我很重要的人。我仍然选择提及在过去几个月中发挥了宝贵作用的几位：Delphine Acloque，Xavier Aurégan，David Baverez，Nathalie Belhoste，Alain Bonjean，Jean-Joseph Boillot，Emmanuel Botta，Jean-Baptiste Boursier，Arnaud Carpon，Jean-Marc Chaumet，Marie-France Chatin，Philippe Choquet，Thierry Chopin，Barthélemy Courmont，Cyrille Coutansais，Christophe David，David De Almeida，Rodolphe De Ceglie，Thierry De l'Escaille，Angelo Di Mambro，Emmanuelle Ducros，Elvire Fabry，Denis Ferrand，Jean-François Fiorina，Senen Florensa，Eddy Fougier，Sophie Gastrin，Catherine Geslain-Lanéelle，Etienne Goetz，Guillaume Gomez，Ombeline Gras，Mathieu Groussat，Bruno Hérault，Jean-Jacques Hervé，Yves Jegourel，Hugues de Jouvenel，François de Jouvenel，Ali Laïdi，Marc-Antoine Lefebvre de Saint-Germain，Bruno Le Jossec，Guillaume Lorre，Barbara Loyer，Alexandre Martin，Béatrice Mathieu，Quentin Mathieu，Philippe Mauguin，Nicolas Mazzucchi，Lucas Mediavilla，Mihoub Mezouaghi，Patrice Moyon，Juliette Pèlerin，Pascal Perri，Eloïse Pestel，Baptiste Petitjean，Marina Pourrias，Olivier Ray，Patrice Romedenne，Marie-Hélène Schwoob，Josué Serres，René Siret，Éric Taisne，Julia Tasse，Victor Tanzarella，Mylène Testut，Charles Thépaut，Perrine

Vandenbroucke 和 Marie-Geneviève Vandesande。

我还需要对那些在我职业生涯和个人生活中长期陪伴我，并以善意指导我的人，表示我全部的尊重和最深切的感激：Didier Billion，Pierre Blanc，Jean-François Coustillière，Paolo De Castro，Christophe Dequidt，Vincenzo Fersino，Bertrand Hervieu，Cosimo Lacirignola，Jérôme Lavandier，Gianluca Manganelli，Thierry Pouch，Placido Plaza，Richard Rajca，Mohammed Sadiki，Yasmine Seghirate。你们是我人生的重要指引。

最后，特别感谢两位重要人物。第一位是 Pascal Boniface，我有幸阅读和聆听他的作品，从此就不再错过他的任何作品或解读，他的序言对我充满了深厚的友谊，虽然这看起来过于慷慨，但正如他的为人一样。第二位是 Jean-François Isambert，他值得拥有所有的赞誉，和他一起重塑世界观时，我知道他会说出更好的话语，给我面对未来的信心。我对你们两位的职业生涯、个性和信念抱有极大的尊重，你们是我职业和生活的两大指南针。

至于我的家人，我真心想要向他们致敬，因为他们体现了多样性、好奇心、坚持和奉献精神。尽管他们与我的研究并没有直接联系，但这个家庭空间与我有时候自认为熟悉的那些农业世界有着一些共同的特点。

我对我的父母深表感激，是他们传递给我努力和关爱他人的品格，这两种动力是人生前行不可分割的。

对于我的两个女儿，Emma 和 Gioia，我渴望传递这些价值观，以便她们能够以热情和辨识力度过自己的生活。在我写下这些行字时，虽然她们分别只有 500 周和 20 周大，但她们已经是我最大的骄傲。

最后，对我的妻子——Yen，简单地写下我有时不敢直接向她坦白的话：我们是永恒的。